Histórias de EXCELÊNCIA

Por que ser bom, se você pode ser excelente?

EDITORA CHAVE MESTRA

EDITORA
CHAVE MESTRA

Av. Marcos Penteado de Ulhoa Rodrigues, 1119 – Tamboré, Barueri-SP
Ed. Office Shopping Tamboré – Andar 21 – Sala Chave Mestra
CEP: 06460-040
@editorachavemestra
editora@editorachavemestra.com.br
Acesse: www.editorachavemestra.com.br

Histórias de excelência:
por que ser bom, se você pode ser excelente?

Direção editorial: Raquel Medeiros
Coordenação editorial: Bartira Costa Neves
Revisão: Híllona Anjos
Assistente editorial: Amanda Oliveira e Eloiza Andrade
Projeto gráfico e diagramação: Daniel Marchesani
Branding de capa: Izzo Medeiros

Dados Internacionais de Catalogação na Publicação (CIP)

Vale, Rogério (Organizador)
V149 Histórias de excelência: por que ser bom, se você pode ser excelente? / Rogério Vale (org.) – Barueri, SP: Chave Mestra Editora, 2024.
184 p.: 16 x 23 cm

ISBN 978-65-5496-014-4

1. Fé 2. Desenvolvimento pessoal 3. Inteligência emocional 4. Sucesso nos negócios. 5. Superação I. Título.

CDD 158.1

Histórias de EXCELÊNCIA

Por que ser bom, se você pode ser excelente?

Sumário

APRESENTAÇÃO	Mércia Aceti Menezes	6
1	Adriana Palma Reconectando-me com o propósito original de Deus	8
2	Alex Ossucci Um vendedor com paixão e propósito	16
3	Ana Rodrigues Despertando para o propósito	24
4	Camila Martins O poder de ser você	32
5	Camila Muniz A excelência começa pela essência	40
6	Dayana Souza Pois, sabendo que o Senhor estava comigo, criei coragem	48
7	Edenise Alves Assencio É possível viver, apesar de...	56
8	Edmara Tantin Me permiti desfrutar das mudanças	64
9	Edson Ishikawa Renascimento	72
10	Eduardo Aceti Resgatado para servir	80
11	Francielle Gonçalves Resiliência e o milagre da maternidade	88

Histórias de EXCELÊNCIA

Por que ser bom, se você pode ser excelente?

12 Glaussia e Tiago Silva
Os bastidores do nosso mundo empresarial 96

13 Ivandete Pereira Rodrigues
Jornada de excelência 104

14 Jacqueline Cenerini
A vida cria o que sopram as palavras 112

15 Leonardo Antonio Davi
Resgatado pelo poder da excelência 120

16 Luís Carvalho
Algo me dizia: "A vida é mais do que isso" 128

17 Márcia Benatti
Despindo medos, vestindo sonhos 136

18 Mércia Aceti Menezes
Sou um projeto de Deus, criada para dar certo 144

19 Patrícia e Taylor Mardegan
Milagres no improvável 152

20 Roseli Paes
Uma história de superação 160

21 Rosilei Bortoli
Somos resultado das nossas escolhas 168

22 Wagner Menezes
O propósito me encontrou 176

Apresentação

Com lágrimas nos olhos e o coração transbordando de gratidão, eu, Mércia Aceti Menezes, venho até você para apresentar esta obra de valor inestimável. Cada página deste livro carrega consigo o poder das experiências vividas, das batalhas travadas e das vitórias conquistadas.

A chama que acendeu este projeto foi a honra. Um sentimento que transcende o humano e se conecta diretamente ao divino. Honra a Deus por Sua grandeza e poder, e aos coautores que, com coragem e generosidade, compartilharam pedaços de suas almas para inspirar e edificar.

Em 2018, dei início a uma jornada profunda de autodescoberta, buscando encontrar minha essência verdadeira. Guiada por mentores e movida por uma sede insaciável por mudança, mergulhei em treinamentos, leituras e mentorias que me levaram a patamares antes inimagináveis. Há seis anos, abracei a missão de contribuir para um mundo melhor, inspirando outros a enxergarem o vasto oceano de possibilidades que nos cerca.

O propósito deste livro vai além de contar histórias; ele busca unir corações, conectar almas e inspirar transformações. Aqui, você encontrará relatos de pessoas que, diante dos desafios da vida, decidiram trilhar o caminho do autoconhecimento, provando que a mudança é possível quando nos entregamos de corpo e alma ao divino, rompendo com nossas limitações emocionais e buscando a excelência com disciplina e determinação.

Cada história presente nestas páginas é um testemunho vivo da manifestação do amor de Deus na Terra, uma prova de que a corrente do bem é real e poderosa. Agradeço a cada autor por compartilhar sua jornada e por permitir que suas experiências inspirem e transformem vidas.

Ao leitor, deixo meu mais sincero desejo: que este livro seja uma fonte de luz em meio às sombras do passado, que inspire a construção de um futuro repleto de esperança e realizações. Que cada página seja uma oportunidade de renovação e que, ao terminar esta leitura, você se sinta fortalecido para escrever sua própria história de sucesso e superação.

Como eu sempre digo em meus treinamentos, por que ser bom se você pode ser excelente?

Mércia Aceti Menezes

ADRIANA PALMA

Adriana Palma, uma *coach* de vida, cuja jornada é uma fonte de inspiração e transformação. Sua história é marcada por uma busca incessante pela autenticidade e pelo propósito.

Após duas décadas de um casamento que a levou ao limite e desgaste da relação, Adriana embarcou em uma jornada de redescoberta e autoconhecimento, encontrando força e renovação em meio às adversidades.

Hoje, como *master coach* Integral Sistêmica e especialista em análise de perfil comportamental, ela compartilha sua sabedoria e experiência, guiando outros na busca por uma vida plena. Sua história é um testemunho poderoso de resiliência e capacidade humana de superar as adversidades e prosperar.

adrianapalmacoach

Adriana Wutzow Palma

adrianapalma.coach@outlook.com

dricoach

1 RECONECTANDO-ME COM O PROPÓSITO ORIGINAL DE DEUS

Por Adriana Palma

Desde a infância, sempre nutri sonhos vívidos, especialmente em relação ao amor. Brincava com minhas bonecas, projetando-me em um casamento feliz, onde meu marido seria meu melhor amigo e compartilharíamos momentos juntos. Essa fantasia persistiu na adolescência e ganhou mais vida quando tive meu primeiro namorado.

Desde a juventude, nutri visões detalhadas do meu futuro lar e das interações com meu esposo, imaginando momentos como preparar jantares e surpreendê-lo, assim como receber surpresas dele ao chegar em casa. Acredito firmemente que a realização de metas começa com a visualização mental e a definição clara do que se deseja viver. Ao olhar para trás e refletir sobre meus sonhos de criança, percebo que alguns deles se tornaram realidade: casei-me conforme havia imaginado na adolescência, em uma igreja que sempre admirei. Era, definitivamente, a realização do meu grande sonho.

Aos 22 anos, mergulhei de cabeça na construção do meu próprio conto de fadas, sem perceber o peso das memórias que o influenciariam. No meu casamento, concentrei-me intensamente em torná-lo perfeito, trazendo à vida real todas as imagens de felicidade conjugal que habitavam minha mente. Minhas primeiras lembranças de casamento remetiam aos meus pais, e percebo agora que reproduzi padrões baseados no que testemunhei ao longo da vida. Assim como minha mãe dedicou-se incansavelmente ao meu pai, seja no aspecto profissional ou financeiro, eu também segui esse modelo, centrando todas as minhas ações e esforços em prol do meu marido.

No início do nosso casamento, meu marido revelou que não apreciava sua profissão, levando-me a assumir múltiplos empregos para aliviar suas dívidas e proporcionar-lhe mais satisfação na vida. Entretanto, apenas após o casamento, descobri a extensão das dívidas que ele havia acumulado antes de nos unirmos. Minha concentração excessiva no conto de fadas que idealizei, obscureceu a realidade da vida conjugal. Fui surpreendida ao descobrir, durante uma conversa, que ele não queria ser pai, confrontando assim a ilusão que criei sobre nosso relacionamento. Esse choque fez-me refletir sobre a importância de buscar a validação e o reconhecimento através do princípio fundamental de amar o próximo como a si mesmo. Durante duas décadas, vivi em disfunção, até que meu marido admitiu sua infidelidade e partiu, levando-me a refletir sobre as consequências de negligenciar os verdadeiros valores da vida, tornando-se assim, meu ex-marido.

Sem muitas opções, decidi retornar ao Brasil, à casa dos meus pais (pois nos últimos 5 anos do meu casamento, meu marido tinha decidido ir morar nos USA), com apenas três malas de roupas — tudo o que restou de meus 20 anos de casamento. Surpreendentemente, há sempre a possibilidade de um recomeço para todo ser humano. Assim que cheguei, Deus me indagava em meus pensamentos, levando-me a compreender minha verdadeira identidade e a avaliar a vida que estava levando. Lembro-me vividamente das primeiras vezes em que meus pais me fizeram perguntas simples, mas que eu havia negligenciado por tanto tempo, como: "O que você gosta de comer?", "Onde você gostaria de passear?", "O que você quer fazer agora?". Esses questionamentos simples foram essenciais para me reconectar comigo mesma e começar um novo capítulo em minha vida.

Percebi como eu estava vivendo sem metas ou propósitos claros. Por anos, eu me moldei aos desejos e preferências do meu ex-marido e dos meus filhos, perdendo minha própria identidade no processo. Após duas décadas de dedicação exclusiva a eles, vi-me obrigada a começar do zero e redescobrir minhas próprias preferências e interesses em todas as áreas da vida. No entanto, nosso Deus é gracioso e paciente, proporcionando-me oportunidades diárias de aprendizado. Consciente de que não poderia permanecer fora dos Estados Unidos por mais de seis meses, devido ao meu *Green Card* (documento que me permitia viver nos EUA), decidi voltar. Aluguei apenas um quarto na casa de um casal de brasileiros, na cidade de Laurel. Com apenas uma mala de roupas como meu único bem material, fechei a porta do quarto e confrontei a realidade de recomeçar em um lugar estranho.

Naquele momento, tinha a sensação de que se eu pudesse gritar dentro do meu coração da minha mente, o eco seria ensurdecedor. Uma solidão tão profunda que parecia doer nos ossos, embora soubesse que Deus não me abandonaria. Sentia-me desconectada do mundo, tendo apenas o WhatsApp como forma de interação social. Em uma manhã, ao acordar e verificar meu celular em busca de uma mensagem matinal dos meus pais, fui surpreendida por uma mensagem de uma grande amiga, Mércia, com quem não tinha contato há oito anos. O simples "Oi, Dri! Como você está?" foi como uma luz em meio à escuridão, trazendo uma sensação de conexão e conforto inesperados.

Era uma mistura de sentimentos ao conversar com Mércia. Por um lado, alegria, por poder ouvir suas histórias de superação e felicidade. Por outro, vergonha e frustração por não ter nada de positivo para compartilhar com ela. No entanto, ao final da nossa conversa, Mércia surpreendeu-me ao oferecer-me um presente: sua orientação como *coach*. Ela expressou o desejo sincero de compartilhar o maior presente que Deus lhe deu na vida e ajudar-me da melhor forma possível. Foi um gesto inesperado, que despertou esperança e gratidão em meu coração.

Não pude acreditar na gentileza e no afeto que ela demonstrou durante nossa conversa *online*. Após enfrentar tanto sofrimento e rejeição, sua presença calorosa era como um alívio para minha alma. O mais surpreendente foi como ela conseguiu me encontrar. Mércia compartilhou que, no dia anterior, acordou comigo em mente, algo que a surpreendeu. Apesar de tentar ignorar, uma voz insistente em sua mente repetia: "Ligue para Dri...". Determinada a entrar em contato comigo, Mércia se perguntou como faria, pois não tinha meu contato. Então, lembrou-se do contato do meu ex-marido e decidiu enviar-lhe uma mensagem, perguntando sobre meu paradeiro. Felizmente, meu ex-marido respondeu e forneceu meu número de WhatsApp, permitindo que Mércia me contatasse. Foi um exemplo marcante de como a amizade e a preocupação genuína podem superar qualquer obstáculo.

Certamente, eu representava um grande desafio para Mércia. Estávamos no auge da pandemia, eu estava em outro país e ela teria que me ajudar a descobrir o plano original de Deus para mim, mesmo quando eu nunca houvesse vivido de acordo com ele. Mércia me fez acreditar na possibilidade de tomar posse da minha essência natural, mesmo que isso significasse desaprender muitos padrões antigos. Iniciamos meu processo individual de *coaching* e logo participei do método CIS *online*, encorajada por ela. A análise do meu perfil comportamental foi libertadora, revelando verdades que estavam enterradas por anos, especialmente porque meus pais não tinham conhecimento sobre diferentes tipos de perfis e suas características. Com Mércia, surgiu a ideia de eu fazer o curso de *coach* integral sistêmico, pela FEBRACIS, e assim o fiz.

Lembro-me vividamente da primeira sessão com Mércia, após a conclusão do curso. Ela me olhava com felicidade, aguardando minha opinião sobre a formação. Senti-me compelida a ser sincera. Expliquei que, embora o curso tivesse me proporcionado clareza sobre meu estado atual, eu me via em um quarto vazio há quase dois anos, sem ter nada palpável para mostrar. Como poderia aconselhar alguém na área conjugal , se não consegui manter meu próprio casamento? E, na área dos filhos, se eles nem estavam mais comigo? Na esfera empresarial, não tinha mais uma empresa para demonstrar sucesso, pois a havia passado para meu ex-marido. Ainda estava presa à crença de que só seria merecedora de algo se tivesse resultados tangíveis.

Ela me ouviu pacientemente e, quando terminei de falar, olhou nos meus olhos e fez uma pergunta que ecoou profundamente: "Adriana, você realmente não tem ideia do seu valor?". Ela então expressou que, mesmo se tivesse toda a riqueza do mundo, ainda assim não seria suficiente para adquirir o que eu possuía. Se tivesse todos os títulos acadêmicos, ainda não teria o que eu tinha. Eu estava atônita e perdida ao mesmo tempo, incapaz de enxergar o que ela via em mim. Naquele momento,ela suavizou sua voz e, com um leve sorriso, disse-me que a minha experiência de vida era algo que dinheiro nenhum poderia comprar, algo que nenhuma instituição acadêmica poderia fornecer. Era uma lição valiosa: nossas maiores dores, muitas vezes, estão ligadas aos nossos propósitos.

Naquele instante, todas as minhas perguntas pareciam receber suas respostas. Percebi que nada passa despercebido aos olhos de Deus e que Ele sempre reverte todas as coisas para o nosso bem. A frase "Em tudo dai graças!" ressoava em minha mente. Eu estava embarcando em uma jornada longa e transformadora, compreendendo que o desenvolvimento pessoal é uma jornada sem fim, que se estende até a eternidade. Com humildade, entreguei-me a Deus, dizendo: "Eis-me aqui! Envia-me para onde Tu desejares, pois agora eu quero viver o plano original que tens para a minha vida."

Minha jornada me levou a atuar como *master coach* integral sistêmica, especializada em análise de perfil comportamental, tanto no Brasil quanto nos Estados Unidos. Em parceria com minha querida *master coach*,

Mércia Menezes, tenho a honra de ser a primeira palestrante de "O poder da excelência" nos Estados Unidos. Cada casamento restaurado, cada relacionamento entre pais e filhos reencontrando seu caminho natural e cada multiplicação nos ganhos financeiros dos meus *coachees* enche meu coração de gratidão e alegria.

Valeu a pena! Essas palavras ressoam em mim com uma profundidade que ultrapassa o tempo. Sou grata a Deus pela oportunidade de ter sido casada com meu ex-marido por 20 anos, pois cada desafio, cada vitória e cada lição moldaram quem sou hoje. Agradeço incansavelmente por cada detalhe da minha vida, pois são exatamente esses detalhes que me elevam e me capacitam a impactar positivamente a vida daqueles que estão ao meu redor. Acredite nisso e você verá que vale a pena.

"'Valeu a pena!' Essas palavras ressoam em mim com uma profundidade que ultrapassa o tempo. Elas encapsulam toda a jornada de superação."

Adriana Palma

ALEX OSSUCCI

Sou Alex Ossucci, natural de Maringá/PR, onde resido com minha esposa Luciana Lopes e nossos filhos, Maria Clara e Pedro Augusto, presentes de Deus!

Sou corretor de imóveis, consultor de investimentos, palestrante, treinador e um profissional de vendas apaixonado pelo que faz.

Iniciei a construção da minha carreira profissional atuando no mercado financeiro, nos maiores bancos privados do país, atingi grandes conquistas nacionais e superei grandes desafios. Essa trajetória me levou a outros estados, treinei e desenvolvi centenas de profissionais de vendas.

Há 18 anos, conheci uma multinacional americana que me inseriu no mundo do desenvolvimento pessoal.

Trabalhando mais em você, com orientação e propósito, você pode chegar aonde quiser!

alexossucci

+55 (44) 99843-1175

alexossucci@gmail.com

UM VENDEDOR COM PAIXÃO E PROPÓSITO

2

Por Alex Ossucci

Comecei a trabalhar aos 10 anos, com meu pai, em sua casa agropecuária e, em seguida, no bar que ele abriu em Itambé/PR, onde morávamos. Meu pai era corretor e aprendi ali no balcão, com ele, as primeiras noções de vendas: me comunicar, atender clientes e aprendi uma das coisas mais importantes em vendas: escutar as pessoas - o que poucos vendedores fazem.

Aos 16 anos, nos mudamos para Maringá e logo consegui meu primeiro e único emprego de carteira assinada, numa loja no shopping, como office boy. Observei a diferença entre os ganhos dos vendedores e dos demais funcionários, eles ganhavam 3 ou 4 vezes mais. Logo me envolvi com vendas, me ofereci para atender, aos sábados, os clientes que estivessem sem atendimento. Para a surpresa de todos, no fim do dia vendi mais que todos os outros vendedores!

Decidi ser vendedor. Me sentia bem e isso me motivava a vender cada vez mais. Não demoraram a aparecerem outras oportunidades. Um cliente que se impressionou com meu atendimento, me convidou para um teste no banco que trabalhava. **Sempre dê o seu melhor no que estiver fazendo, você nunca sabe quem pode estar te observando!**

A oportunidade no banco era na área de vendas, não tinha salário fixo e nem ajuda de custos. Alguns amigos me desencorajaram, pois eu já ganhava mais do que a maioria na loja, mas sempre gostei de desafios. Eu tinha 19 anos, mas entendi uma coisa: para ter ganhos diferentes da maioria, você tem que fazer coisas que a maioria não está disposta a fazer.

O início no banco foi difícil, muitos que começaram comigo ficaram pelo caminho, mas, no fim do primeiro ano, eu já ganhava cinco vezes o que ganhava na loja. A persistência te leva a lugares que você nunca sonhou! No segundo ano no banco, já estava entre os melhores do Brasil em vendas. Ganhei uma viagem de reconhecimento para um *resort* 5 Estrelas, na Bahia, onde premiaram os melhores do Brasil. Conhecendo a história de alguns deles, percebi que eram pessoas normais, assim como eu e você, entendi que você não precisa ter dom ou vocação para ser um vendedor de sucesso, na verdade, é a disciplina que diferencia os campeões!

A partir daí, passei a trabalhar com foco, estabelecendo metas pessoais, planejando melhor o meu dia e me tornei o número 1 em vendas do país. Jim Rohn, um filósofo de negócios americano, dizia que "a disciplina é a ponte que transforma sonhos em realidade".

Ano após ano, segui sendo um dos melhores vendedores do país na minha área. Ganhei viagens, prêmios, dinheiro, cresci profissionalmente. Conheci e me casei com Luciana, mudei para Belo Horizonte, tivemos nossa primeira filha, Maria Clara. Eu estava no auge da minha carreira. Bem nesse momento, enfrentei um grande deserto, perdi meu trabalho de uma maneira dolorosa. Demorei a entender que era um tratamento de Deus comigo, tinha colocado o trabalho acima de todas as coisas. Esse deserto veio para me aproximar de Deus e da família. Nele, aprendi a colocar Deus sobre todas as coisas, depois a família e só então o trabalho. Quando ajustei esses valores, uma nova porta se abriu em outro banco!

Os caminhos de Deus são melhores e maiores do que tudo aquilo que pedimos ou sonhamos. Durante os 6 anos seguintes nesse banco, estive sempre entre os primeiros do país em vendas, trabalhava menos, ganhava mais, tinha tempo para a família e foi realmente um presente de Deus! Essa fase nos trouxe outro presente: em 2007, chegou Pedro Augusto, nosso segundo filho, e com a alegria, veio também a preocupação com a minha saúde. Fui de 70 kg para 122 kg, em 10 anos. Estava obeso, com os exames todos alterados, era uma bomba relógio.

Foi aí que fui apresentado a uma multinacional americana de nutrição e, em 9 meses, reduzi 43 kg. Minha saúde mudou tanto, que precisava mostrar isso para outras pessoas. Comecei a vender esses produtos em tempo parcial e com os treinamentos de liderança e desenvolvimento pessoal dessa multinacional, que é a empresa que mais treina e desenvolve seus colaboradores no mundo, me tornei um profissional melhor, tanto no banco quanto nessa empresa, ao ponto que minha renda extra já era igual à principal.

Acredito que essa oportunidade foi um cuidado de Deus, pois em 2010, meu departamento no banco foi extinto. Passei a me dedicar apenas a essa multinacional e com foco e disciplina, construí uma grande equipe de vendas, que me rendeu, além dos ganhos, viagens, cruzeiros, desenvolvi a habilidade de palestrante, treinando milhares de pessoas.

Em 2015, decidi voltar de BH para minha cidade natal, Maringá, para viver mais perto da nossa família e proporcionar aos meus filhos mais qualidade de vida. Tudo parecia perfeito, mas acabei repetindo os mesmos erros em relação ao trabalho e os desafios só aumentavam. Apesar de saber o caminho, acabei me esquecendo de seguí-lo. Isso pode acontecer com qualquer um de nós, mas isso não nos define. Não somos os nossos erros, nós somos filhos de Deus e Ele sempre enviará seus anjos quando tudo parecer perdido. Meus anjos vieram através da vida de alguns amigos e vizinhos, que me estenderam a mão e acreditaram em mim quando nem eu mesmo mais acreditava. Vieram com "O poder da excelência", através do Wagner e da Mércia, que me fizeram enxergar o meu verdadeiro propósito!

Meus *coaches* foram primeiro meus clientes e sempre me convidavam para " O poder da excelência". Fui resistente, confesso (eu era muito orgulhoso) achava que já sabia de tudo e que não iria fazer diferença. Não acreditava ser necessário ter um *coach* e nem imaginava a transformação que isso poderia fazer em minha vida. Participei para acompanhar minha esposa e filha, mas tive uma grata surpresa: a cada semana que me rendia ao processo, via as mudanças acontecerem, tanto na minha vida quanto na vida da minha família e na das pessoas do grupo.

Entendi que vinha repetindo padrões e crenças que me faziam cometer os mesmos erros, e "O poder da excelência" me moldou. Engoli meu orgulho, entendi os propósitos de Deus para minha vida, me reconectei com Ele. O processo faz você se conhecer melhor e valorizar seus pontos fortes, trabalhar as áreas em que você tem desafios, as fichas caem e você cresce! No processo, você constrói conexões, conhece pessoas incríveis, que têm propósitos alinhados com o seu. Pessoas que nos ajudam a ir para o próximo nível.

Quando concluí o processo, minha situação não tinha mudado, eu tinha grandes desafios financeiros e, olhando com olhos naturais, talvez você dissesse que eu era louco, mas a maneira como enxergava minha situação havia mudado. A maneira como eu **me** enxergava havia mudado. Durante muito tempo, pensava que conquistaria tudo que quisesse apenas com meu "braço forte", porque me achava "o cara". Entendi que se eu depositar minha esperança no homem, quase sempre vou quebrar a cara. Aprendi que eu tenho minhas responsabilidades, tenho que ter disciplina, foco e um mentor. O *coach* me fez eu enxergar minha situação e confiar e descansar no Senhor!

Ao fim do processo, deixei meu orgulho de lado, assumi a responsabilidade de mudar minha situação e com a orientação dos meus *coaches*, decidi fazer uma transição de carreira e desenvolver duas atividades. Aceitei o convite do Tiago e da Glaussia, dois amigos que fiz em "O poder da excelência", e fui trabalhar em sua imobiliária, como corretor de imóveis, um negócio novo, comecei do zero, mas com uma visão diferente da anterior. Essa nova jornada iniciou em outubro de 2022.

Os três primeiros meses foram desafiadores, minha situação financeira era desesperadora, mas nunca meus clientes desconfiaram disso. Meu carro era um Gol 2003, que não saía da oficina, com impostos atrasados, não era o carro de um corretor de sucesso, mas a minha atitude, fala e convicção eram. Eu sei de quem sou filho e qual é o propósito de Deus na minha vida! No quarto mês de trabalho, em meio aos desafios, o Gol fundiu, fiquei sem carro para trabalhar. Como iria fazer as visitas? Mas, para tudo Deus tem um propósito. Eu estava distante dos meus pais e esse momento foi para que eu me reaproximasse deles, então, engoli o orgulho e pedi o carro deles emprestado. Eu não queria que eles soubessem da situação que eu estava, mas Deus me mostrou que um pai sempre está de braços abertos para seus filhos. Obrigado, pai e mãe, por tudo!

Foi nesse momento de maior dificuldade que me aproximei mais de Deus, acreditava estar fazendo tudo certo e não entendia por que as coisas não andavam, tudo parecia estar travado. Então, eu me humilhei completamente a Deus, me rendi e recebi uma palavra dele, em Malaquias 3:10:

> Eu, o Senhor Todo-Poderoso, ordeno que tragam todos os seus dízimos aos depósitos do templo, para que haja bastante comida na minha casa. Ponham-me à prova e verão que eu abrirei as janelas do céu e farei cair sobre vocês as minhas ricas bênçãos.

Assumi um compromisso com Deus, eu iria honrá-lo com, no mínimo, 10% dos meus rendimentos, com as primícias do meu trabalho. Decidi sustentar sua obra nessa terra e, a partir desse posicionamento, foi como se Deus abrisse as comportas de uma represa, onde ele tinha todas as minhas bençãos guardadas.

É inexplicável o que vem acontecendo! No dia seguinte a esse posicionamento, fiz minha maior venda, até então: uma casa de 3 milhões e 400 mil reais. Em pouco tempo, Deus fez uma verdadeira transformação. De lá para cá, não houve um só mês em que eu não tenha feito venda, houve meses em que vendi 7 imóveis de médio e alto padrão. Em outros, vendi mais de 7,5 milhões de reais em imóveis. Deus mudou minha história quando me posicionei com o seu propósito!

Decidi não arrumar mais o Gol, pois não aceitava mais aquela situação em minha vida! Dois meses depois, comprei um carro novo, paguei minhas dívidas, mudei completamente minha situação financeira. Após quase 10 anos, viajei de férias com minha família.

O convite que faço a você é que se dê uma chance, conheça seu propósito, deixe Deus agir em sua vida, busque se desenvolver e coloque sempre Deus no centro das suas ações. "O poder da excelência" me fez enxergar novamente os meus talentos e potenciais e me deu a direção para seguir para o alvo, que é Jesus!

★ ★ ★ ★ ★

“Coloque paixão
e propósito em
tudo o que você se
dispuser a fazer e,
com persistência e
disciplina, chegará a
lugares com que você
nunca sonhou!”

Alex Ossucci

ANA RODRIGUES

Sou Ana Rodrigues, natural de Paranavaí/PR e resido em Maringá/PR, com meu esposo Douglas Kolodziey. Sou analista comportamental e trabalho com desenvolvimento pessoal, profissional e empresarial.

Enfrentei grandes desafios e vi que é possível mudar a própria vida através do autoconhecimento e do desejo intenso de ajudar ao próximo.

Você pode me encontrar no Instagram:

anarodriguesoficial_

anagabriela2350@gmail.com

3

DESPERTANDO PARA O PROPÓSITO

Por Ana Rodrigues

Antes de iniciar meu processo de autoconhecimento, eu passei por um momento muito difícil da minha vida. Em novembro de 2021, em meio à pandemia, eu cursava o 2° ano de Psicologia e me encontrei no início de uma depressão. Também fui diagnosticada com gastrite nervosa, acontecimentos esses que influenciaram no meu mal rendimento nas provas, ao ponto de me ver incapaz de dar continuidade aos estudos e trancar a faculdade em janeiro de 2022.

Daquele dia em diante, me vi sem rumo, pois não estudava e não conseguia trabalho, devido à situação da pandemia. Foram seis meses difíceis, pois não tinha ânimo para sair daquela situação, ficava a maior parte do tempo trancada no quarto e sem perspectiva de vida. Mas foi nesse deserto da minha vida que eu clamei a Deus e fiz minha oração mais sincera, onde eu entreguei minha vida nas mãos de Deus para que me guiasse nos planos que Ele tinha para mim. A partir daquele momento, iniciou o meu processo de cura.

Ao ver essa situação, minha mãe me orientou a pedir ajuda para a Márcia Benatti, uma amiga da família, fato esse que me constrangeu por eu me achar inferior a ela e por ela ser uma pessoa bem-sucedida e influente. Levei algumas horas para digerir esse pedido e até ensaiei como poderia falar com ela. Então, quebrei meu orgulho e, por obediência, entrei em contato com ela pelo Instagram e, para a minha surpresa, imediatamente ela se prontificou em me ajudar e me convidou para ir até à casa dela na semana seguinte.

Chegando lá, deixei ela a par da situação que estava passando, ela muito atenciosa me aconselhou a fazer um curso de inteligência emocional, indicando "O poder da excelência", que é ministrado pela Mércia Menezes. Em seguida, me convidou para um coquetel de inauguração de uma loja, na qual fazia uma consultoria de imagem. Sabendo da minha situação financeira, acabou me indicando para dar suporte nesse coquetel. No dia da inauguração, tive a oportunidade de conhecer pessoalmente a Mércia. Após o coquetel, recebi o convite para participar de um café da manhã com ela e tive a oportunidade de conhecer mais a fundo o seu trabalho. Ali virei uma chave e entendi a importância de viver o processo. Eu tinha a consciência do meu estado atual financeiro, não tinha como pagar o curso, mesmo assim, ela me convidou para a palestra gratuita.

Dentre os assuntos do café da manhã, a Mércia citou a necessidade de ter uma diarista, outras pessoas também pontuaram a mesma necessidade; eu ouvindo isso, logo me prontifiquei em aceitar os serviços, pois eu tinha como referência a minha mãe, que sempre trabalhou como empregada doméstica. Assim, me sentindo capaz de realizar essa tarefa, saí dali com minhas semanas preenchidas por diárias. Com essa oportunidade, consegui pagar a minha inscrição do curso e a inscrição do meu namorado, que futuramente viria a ser meu esposo.

Em agosto de 2022, iniciou a turma 6 de "O poder da excelência", na Febracis de Maringá, e, assim, começou a minha jornada em busca do autoconhecimento. Ao decorrer do processo, sofri uma paralisia facial e dentro do curso entendi que essa paralisia ocorreu devido a altos níveis de estresse, ansiedade e preocupações, como resultado da vida que eu estava levando até aquele momento. Mas graças às ferramentas que aprendi dentro do curso, elas me ajudaram a passar por esse momento de uma forma mais leve e tendo uma excelente e rápida recuperação ao longo dos meses seguintes.

Finalizando o curso, permaneci no ecossistema sendo *staff* de todas as turmas seguintes, tendo a oportunidade de servir ao próximo e rever os conteúdos novamente. Neste meio tempo, a Márcia, a Mércia e seu esposo Wagner estavam com o projeto de abrir o seu próprio centro de treinamento, para ampliarem seus cursos e mentorias e a Márcia, o seu trabalho de consultoria de imagem junto à sua própria loja de roupas. Nesse processo, a Márcia, vendo o meu potencial, me deu a primeira oportunidade com o convite para eu trabalhar como consultora de estilo em sua loja. Trabalho este que durou dois meses, pois com o autoconhecimento que fui adquirindo, entendi que ainda não era aquele o meu propósito.

Após isso, em abril de 2023, tive uma segunda oportunidade, através da Mércia e do Wagner, para auxiliar na organização dos cursos. Com essa nova tarefa, me conectei cada vez mais com as ferramentas, situação que me gerou um conhecimento mais aprofundado dentro da metodologia do treinamento. A cada turma que passava, presenciava várias histórias e ganhos que fizeram me apaixonar cada vez mais pelo autoconhecimento. Isso me levou a ver o processo com outro olhar, sentindo que estava no lugar certo, com pessoas certas e adquirindo conhecimentos certos, me conectando com alunos e me sentindo extremamente feliz e realizada em estar ali, servindo e ajudando pessoas. Foi quando eu percebi que o real propósito me encontrou!

Após isso, eu entendi, de fato, que eu tinha muito potencial, qualidades e dons incríveis que Deus já tinha me dado, mas pela falta de autoconhecimento não sabia e nem colocava em prática. Essa foi minha primeira grande virada de chave: eu poderia ser quem eu quisesse, era capaz de alcançar grandes resultados e ter uma vida abundante, quebrando assim a repetição de padrão da minha mãe. Eu entendia, até aquele momento, que só poderia trabalhar como empregada doméstica. A partir disso, comecei a ter expectativas de uma vida profissional extraordinária, abundante e servindo para o propósito de Deus.

Após esse tempo em que tive experiências dentro das turmas de "O poder da excelência",, fui para o cargo de secretária do Grupo Excellence, empresa da Mércia e do Wagner, onde cada vez mais fui me desenvolvendo como pessoa e profissionalmente. Ao longo daquele ano, tive muitas oportunidades incríveis através da vida deles, a mais impactante foi fazer Método CIS, em São Paulo. Uma das ferramentas da metodologia que aprendi é a gratidão, ela é utilizada para agradecer por coisas que você já tem, mas, principalmente, trabalhar com a gratidão por aquilo que você ainda não tem.

Em setembro de 2023, fiz uma gratidão de profetização, declarei que eu era grata por ir ao Método CIS de São Paulo, que ocorreria em novembro de 2023. Financeiramente, aquilo seria improvável, já que meu casamento estava marcado para o dia 10 de dezembro do mesmo ano e não conseguiríamos arcar com o investimento do ônibus, hotel e ingresso da imersão para nós dois. Mas como eu já tinha um bom conhecimento sobre as narrativas e que são elas que moldam meus resultados através do que eu comunico, então eu permaneci escrevendo isso e só deixei de escrever quando chegou o dia, foram mais de dois meses, todos os dias profetizando.

Chegado o início de novembro, a Mércia e o Wagner nos chamaram, o Douglas e eu, para conversarmos. Para minha surpresa, nos disseram que não deixariam que nosso momento atual financeiro impedisse de vivermos o método juntos. Que, em forma de gratidão pela nossa parceira ao decorrer do ano, eles arcariam com todos os custos de passagem de ônibus, hospedagem e ingresso para nós dois. Fiquei muito feliz e agradecida e me lembrei da gratidão! Ela é real! Foi mais uma experiência incrível na minha vida e que me levou para o próximo nível. Também experimentei o poder da gratidão sobre meu casamento e sobre o dia da nossa cerimônia. Mais uma vez, vivenciei o extraordinário de Deus em seus detalhes e cuidados, foi quando entendi que quando pedimos de forma correta, Ele nos dá infinitamente mais!

No último mês do ano, com o renovo da mente, eu entendi que deveria sempre estar buscando por mais conhecimento e ir para o próximo nível. Então, falei para a Mércia que no ano de 2024 eu iria fazer um processo individual com ela, não sabia como, mas eu decidi e profetizei. Passando alguns dias, ela estabeleceu algumas metas pessoais para o lar dela, onde ela teria a casa sempre limpa e arrumada e comentou comigo sobre sua decisão de ter uma pessoa com referência para isso e, imediatamente, aceitei em fazer a troca de serviços. Dessa vez, faço sim limpeza, mas não porque acho que só posso fazer isso. Faço por um propósito muito maior, para pagar um processo individual, expandir minha mente, ter um processo de cura ainda mais profundo, pois hoje sei quem eu sou, qual é minha identidade em Cristo e aonde quero chegar.

Atualmente, fiz duas sessões do processo individual, onde já são notáveis os ganhos extraordinários. Hoje, também sou formada como analista comportamental, pelo IDEC. Também me tornei gerente administrativa do Grupo Excellence e, no dia 19 de junho, inicio a primeira turma "O poder da excelência — a idade de ouro", ministrada por mim e pela minha parceira Priscila Meira.

A mensagem que deixo para você, leitor, é que você já é capaz e merecedor de viver o renovo da mente em sua vida e acredite, Deus quer e já preparou uma vida extraordinária aqui na terra para você. O propósito que ele tem é extraordinário e já foram concedidas a você tarefas exclusivamente suas, mas, para que se viva o novo, é necessário deixar o velho para trás. Você deve se perguntar: como deixar o velho para trás? E a resposta é seguir apenas 3 passos: 1° - quebra de orgulho, 2° - decisão, 3° - obediência. Quando você passar pelas 3 fases, estará livre para receber o extraordinário de Deus! Lembre-se: você será luz na vida das pessoas pela sua história e sua história irá curar e salvar vidas!

"A quebra do orgulho
leva você a lugares
inimagináveis."

Ana Rodrigues

CAMILA MARTINS

Sou Camila Martins, natural de Sarandi/PR. Resido com meu amado esposo Pedro Henrique, sou filha do Criador e vim de uma família tradicional católica.

Sou gestora e empreendedora de um salão de beleza chamado Studio Camila Martins, atuo como maquiadora e penteadista, especialista em Dia de Noiva. Ministro cursos de maquiagem profissional, atuo como especialista comportamental e mentora. Já foram mais de 6.600 clientes atendidos e mais de 150 alunas.

Tenho 9 anos de experiência trabalhando com o público feminino há 5 anos liderando uma equipe altamente qualificada no ramo da beleza. Sou formada em estética e cosmética, fiz mais de 20 cursos na área da beleza e mais de 10 cursos de desenvolvimento pessoal.

camilamartins.cmf

+55 (44) 98855-3553

camilamartins_ferreira@hotmail.com

4

O PODER DE SER VOCÊ

Por Camila Martins

Desde pequena vi meu pai empreender e, vendo nele a dedicação em ajudar pessoas, fui tendo um desejo ardente em meu coração de contribuir com o mundo da mesma forma, mas não imaginava o que eu poderia fazer.

Foi em 2015, com 16 anos, quando conheci uma empresa multinacional de cosméticos, que comecei me apaixonar pela área da beleza. Essa empresa sugeria a metodologia de vendas através de demonstração de produtos, onde entendi que meu propósito era ajudar mulheres a se reencontrarem com sua própria essência através do autocuidado.

Os encontros com mulheres usando os produtos e os sorrisos por estarem recebendo aquele momento de amor e cuidado, era exatamente o que me motivava para expandir ainda mais na área da beleza. Fiz cursos, especializações, e comecei a fazer trabalhos extras para alcançar meus objetivos: fui atendente de panificadora e *freelancer* em vendas de roupa infantil. Precisei me dedicar em uma tripla jornada em estudos, trabalhos e sessões de beleza. Lembro-me de levantar às 4h da manhã e retornar tarde da noite, mas eu tinha um propósito para realizar.

Em 2018, já não dava mais para ficar atendendo a domicílio. Além de muito cansativo, eu não conseguia entregar uma qualidade completa para minhas clientes e decidi montar um espaço de 9 m² na casa dos meus pais. As produções foram tomando uma grande proporção e precisei ampliar o espaço em menos de 1 ano.

Em 2019, montei um espaço físico de 40 m², mas, nessa fase, me senti perdida diante das responsabilidades e comecei a pensar se era aquilo mesmo que queria para minha vida. Montei um espaço de beleza, sem entender realmente o que era ter uma empresa, uma equipe, não sabia contratar e nem o meu papel dentro da empresa. Nessa época, acabei ferindo muitas pessoas, por não entender o que era liderar e gerir um salão de beleza. No mês de março, passei por grandes provações, nesse momento fui roubada e perdi todos meus materiais de trabalho. Em meio a muitas dúvidas, dores e incertezas, pedi a Deus um agir em minha vida, pois me sentia desmotivada e desvalorizada, estava sobrecarregada com a faculdade e queria que algo mudasse. Foi aí que pensei em desistir de tudo.

Nesse mesmo ano, fiz um atendimento de maquiagem em uma grande amiga, Mércia Menezes, que eu já conhecia desde os 13 anos, por ter estudado técnica vocal na escola de música que ela tinha. Mércia me contou um pouco da nova trajetória dela; fiquei impressionada, mas não me animei muito, pois imaginava que não teria condições financeiras para receber aquele conhecimento, os meus planos de investimentos eram voltados para a minha área. Foi então que ela me convidou para assistir a palestra dela, "O poder da autorresponsabilidade", e, depois disso, a única certeza que eu tinha é que precisava saber mais.

Um mês depois de participar dessa palestra linda, vivi um dos piores momentos da minha vida. Como falei anteriormente, tive todos os meus materiais de trabalhos roubados e, naquele momento, comecei me questionar como seria dali em diante. Deus, em sua misericórdia, usou desse momento para que fosse de grande crescimento profissional e pessoal. A reportagem do ocorrido gerou uma grande repercussão, muitas pessoas começaram a conhecer o salão e acabaram virando clientes; profissionais se solidarizaram e doaram produtos e equipamentos. Tudo estava se encaixando, dobrei minha cartela de clientes, mas tinha algo que não estava bem: o meu psicológico. Com a demanda de clientes, problemas na gestão, sobrecarga na faculdade, eu precisava de um socorro para saber gerir tudo que estava acontecendo em minha vida.

Em menos de 15 dias do roubo, entrou a pandemia e o *lockdown*, sem atendimentos, sem a faculdade e empresa fechada! Ao mesmo tempo que foi assustador, tive um momento para realmente avaliar tudo o que estava acontecendo e sempre lembrava do porquê comecei. Eu não poderia desistir de tantas mulheres que me procuravam para se sentirem melhores e mais bonitas.

A Mércia Menezes foi crucial em minha vida; em uma conversa, vimos que poderíamos abençoar uma à outra com trocas de serviços. Ela me apresentou um projeto de desenvolvimento, através de ferramentas de *coaching*, para toda a equipe. Fizemos momentos individuais e coletivos, e, através dessa metodologia, fui tendo consciência do que realmente era necessário para ser líder, empreendedora e uma profissional de sucesso. Minha visão de futuro mudou totalmente após esse conhecimento.

Saí de uma realidade onde eu recebia regras das minhas colaboradoras para trabalhar, era uma equipe totalmente disfuncional. Em muitos treinamentos que eu levava, elas reviravam o olho, me desapontavam, desmereciam o que era colocado e, por muita vezes, eu era ignorada. Cheguei em uma época de não querer mais ir para a empresa, o desrespeito estava tão grande, que um dia cheguei no studio e tinha a logomarca de outra profissional na parede e uma nova contratação que eu não tinha feito. E por que deixei chegar em tudo isso? Simplesmente por não querer ferir o outro, para não ser chata, e, quanto mais "boazinha" tentava ser, mais eu sofria as consequências. E foi aí que eu tomei a decisão de tomar as rédeas ou fechar a empresa.

Entrei de cabeça na metodologia do *coaching*, comecei a estudar, mudar meus hábitos e me surpreendi quando percebi que todas as áreas da vida estão conectadas. Imaginei que estava organizando apenas minha empresa, mas tive toda minha vida transformada: meu servir na igreja ficou muito melhor, minha conexão com meus familiares, meu relacionamento amoroso foi transformado, minha espiritualidade ativada, enfim, tudo em mim mudou. A minha demanda começou a aumentar muito e fui me tornando uma profissional de excelência. Fiz uma consultoria de estilo com a Marcia Benatti e, a cada dia, fui me conhecendo melhor.Saí de uma simples funcionária das minhas próprias colaboradoras (era assim que eu me sentia) para uma grande empresária de sucesso.

Durante o processo, precisei me conhecer profundamente, saber sobre o que me paralisava, o que me fazia ter o comportamental passional diante das dificuldades, me amar, aceitar e perdoar todo o momento até ali. E uma frase que me fez refletir, foi a do Paulo Vieira: "O que eu não tenho é pelo que eu não sei, pois se eu soubesse, já teria.". Isso me fez agir sem culpa, pois não tinha como eu ser uma empreendedora melhor sem os conhecimentos necessários.

O que aprendi – e foi a virada de chave para mim – é que, para tudo mudar, eu teria que mudar primeiro, e, para isso, eu precisaria adotar novos comportamentos e posicionamentos. Um livro que me ajudou muito a aceitar a minha mudança foi *A coragem de ser imperfeito*, de Brené Brown. Eu me cobrava muito e não aceitava fracassar, isso me tornava sobrecarregada e negativa. Depois de estudar toda a parte sistêmica, entendi muito sobre os meus comportamentos e decisões e via que podia mais. O livro me ajudou a entender que ser vulnerável é a mais linda definição de coragem, pois aqui aprendemos, recomeçamos e crescemos.

Em 2023, inaugurei um espaço de 120 m², com profissionais altamente qualificados. Nessa empresa, o cenário já era outro, iniciei com os recursos e ferramentas necessários para desenvolver minha gestão. Continuei estudando e buscando sobre comportamento e desenvolvimento humano, e o mais importante: aprendi a delegar. O *coaching* me ensinou a ter uma empresa alinhada com o propósito, o Studio Camila Martins cumpre uma missão linda, de elevar a autoestima de forma humanizada e acolhedora. Temos alcançado muitas vidas e transformado muitas pessoas. No início, eu não imaginava como um salão de beleza poderia ter um impacto tão grande na vida das mulheres, é muito mais que beleza, conexão com a própria essência, é um momento único longe das cobranças externas, um momento de trocas, amor e autocuidado.

Foi vendo tantas transformações e bênçãos que eu senti que queria e podia muito mais, queria alcançar mais vidas e mais pessoas. Então, fiz a formação de especialista comportamental e hoje atuo como analista de perfil comportamental, *practitioner* em PNL e *coaching* performance. Em minhas mentorias, meu objetivo é transformar a vida das mulheres e resgatar a autoestima existente em cada um delas! Acredito no poder que temos dentro de nós e, através dele, conseguimos resplandecer uma vida abundante e transformadora sendo melhores mães, amigas, esposas e, acima de tudo, melhores para nós mesmas, mais confiantes e felizes. Quando você conhece sua essência, sabe o que precisa fazer para alcançar seus objetivos.

Quero dizer a você, leitor(a), que nunca desista de você. O autoconhecimento te trará uma liberdade imensurável, você conseguirá fazer coisas que nunca imaginou, vai conhecer uma vida muito mais feliz e plena! E o mais lindo de se conhecer é que, quanto mais próximo da sua essência, mais perto de Deus você fica. Ele te direcionará de uma forma única e impactante, você verá as mãos dEle em todos os momentos.

Eu nunca imaginei que colheria tantos bons frutos do meu início como empreendedora, mas fiz o que tinha que ser feito e hoje celebro minha história com você, que está lendo, e tenho certeza que será tocado(a) de alguma forma! E te digo: nada acontece por acaso.

Quero pedir que, nesse momento, respire fundo e agradeça a Deus por ter a oportunidade de ler essas histórias de excelência. A partir de agora, você está pronto(a) para ter sua vida transformada e eu estou aqui para pegar em sua mão e te ajudar a ter um verdadeiro encontro com você mesmo(a). Você pode muito mais, e através do amor de Deus, portas irão se abrir, mas você precisa apenas de um passo: DECISÃO. Decida agora ser melhor, fazer a diferença, se amar mais e aproveitar a vida abundante que Deus te prometeu em João 10:10: "Eu vim para que tenham vida e a tenham com abundância". Esse lado de descobertas me tornou uma pessoa de luz e eu te convido a fazer parte dessa jornada comigo. Vamos transformar vidas?

Aqui você tem o meu contato, será uma honra fazer parte da sua história! Me siga nas redes sociais e conte comigo. Juntos(as) podemos muito mais! Deus te abençoe!

★ ★ ★ ★ ★

"Não se contente em apenas existir. O autoconhecimento não apenas revela quem você é, mas também quem pode se tornar."

Camila Martins

CAMILA MUNIZ

Sou Camila Muniz, cristã, amada de Deus. Moro em Maringá/PR com minha família abençoada, meu marido Ronald e minha filha Mariáh, de 6 anos.

Advogada há quase 14 anos, vivo na prática todas as ferramentas que aplico, diariamente. Hoje, sou realizada e muito feliz em minha vida, especialmente na profissão.

Parceira no Grupo Excellence como coach de carreira. Também sou mentora especialista em *coaching* jurídico, analista de perfil e gestão comportamental, palestrante, apresentadora e escritora.

Minha missão: ajudar pessoas a (RE)descobrirem sua real essência, para atingirem o máximo do potencial que já possuem, saírem da zona de conforto, realizarem os sonhos mais extraordinários e, quando realizadas e prósperas, encontrarem propósito e paixão em tudo que fizerem.

camilamunizadvogada

podjulgar

www.camilamunizadvogada.com.br

www.camilamunizadvogada.com.br/cafecomjustica

A EXCELÊNCIA COMEÇA PELA ESSÊNCIA

5

Por Camila Muniz

Uma vez, há um bom tempo — eu poderia arriscar afirmando que foi quando tudo começou —, eu estava ouvindo um programa de rádio, que tratava sobre temas relacionados à Bíblia. Se me lembro bem, era com um pastor que trazia a Palavra de Deus todos os dias, no horário de almoço, o qual eu tentava acompanhar sempre que possível. Aquele homem de Deus falou, naqueles marcantes minutos, que nosso Deus tinha um critério para chamar as pessoas para serví-lo: a excelência. Ele explicou que se alguém tivesse a postura de fazer tudo de forma excelente, agiria dessa forma, ainda mais com as coisas do Alto!

Aquelas palavras me marcaram profundamente e aquele dia sempre me vem à memória, pois me lembro que, a partir dali, passei a buscar essa postura de excelência em minha vida. Eu mal sabia que só estava começando, afinal, hoje me dou conta que eu nem sabia o significado da palavra em questão. E por falar em significado das palavras, conheci (ou reconheci), continuando nessa jornada, a expressão "crise".

Esse é um momento daqueles sagrados, em que a vida te faz mergulhar para dentro de si mesmo. Quando ela te chama para o profundo, te arranca do superficial. Te leva além. Aprenda uma coisa: uma crise é sempre uma oportunidade. É o momento em que você precisa rever algo. Valores, dores, comportamentos, mágoas, identificar quais são suas feridas e, claro, procurar a sua cura, sua libertação.

Foi nesse momento da minha vida que conheci o *coaching* e a Mércia Menezes, minha *coach*, e também essa ferramenta incrível criada por ela: **"O poder da excelência".** Eu já vinha de uma jornada entre religião, eneagrama, constelação familiar, terapia, radiestesia, entre outras ferramentas, com muita sede de autoconhecimento e cura. Foi quando Deus (através de um anjo chamado Geraldinho) me levou a participar de uma entrevista (aqui vale dizer que foi minha primeira entrevista da vida). Foi uma experiência extraordinária, que eu nunca imaginei viver ou sentir o que senti naquele dia, conheci a Mércia e, junto com ela, o apaixonante e libertador perfil comportamental! Então, algo inesperado aconteceu: me reencontrei comigo mesma, com minha essência.

Naquele dia, ouvindo um pouco (confesso que foi bem pouco) eu já senti vontade de saber mais, de viver mais, de ver aonde aquilo poderia me levar. Aquilo foi de Deus! Tenho certeza! Porque lembrando do processo que vivi com ela, naquelas sessões, posso afirmar que somente Deus poderia acreditar em mim antes de mim mesma, como ela acreditou. Honro e serei eternamente grata pela vida dela e pelo amor grandioso de Deus por nós duas. Enfim, foi uma sessão incrível, de mais de três horas. Ali só estava começando.

A partir dali, foram encontros e reencontros. O extraordinário estava acontecendo: reconciliação comigo, com meus pais, com minha criança interior, com Deus! Admito aqui que eu estava realmente "brigada" com tudo e com todos. Entretanto, eu me lembro que não só precisava me reencontrar, mas também me aceitar, me amar, me respeitar e me valorizar. Tudo estava péssimo e eu culpava a todos, menos a mim mesma. Esse era o meu grande erro. Foi então que descobri mais uma coisa muito importante: **o poder da autoresponsabilidade!**

Pense comigo! Sim... você! Mas, como? Eu realmente acreditava que eu era uma vítima de tudo e de todos! E agora? Que confusão!... Primeiro me encontrei, então me reconciliei comigo, descobri que ser como sou de verdade era certo (porque desde sempre acreditei que meu jeito de ser era errado). Então, me vi vivendo uma linda história de amor comigo mesma. De repente, descobri que a culpa de todos os danos causados à minha vida, minha história, minha alma, meu coração, era minha, somente minha. "Claro que não!", gritava em minha mente. Confesso que no início foi difícil aceitar, mas tudo fazia parte de um processo que iniciei e que não tinha a menor vontade de voltar atrás. Eu estava amando tudo aquilo. Parecia uma vida nova, mas não! Aquilo já era assim, antes de tudo. Então aqui decidi chamar de RE-NOVO!

Dessa forma, aprendi a apreciar as crises. Sim! Elas são vozes que te chamam de volta para você, para sua essência, te levam mais próximo de encontrar sua missão, te ensinam a estar aberto para viver seu propósito, te aproximam dele. Fazem você se lembrar de quem você é e analisar se a sua caminhada está realmente alinhada com o propósito da sua alma. Fazem você questionar os seus valores e princípios, suas atitudes. Se você notar, toda crise pede para você dar um novo significado para sua vida. Ao contrário do que parece, ela não surge apenas para abalar, mas para limpar a vida de tudo que não é mais necessário para sua evolução. Nenhuma crise vem para machucar, toda crise vem para despertar.

Afinal, chega uma hora em que a alma se cansa de fazer coisas sem sentido, de estar com pessoas que não acrescentam ou de viver sem propósito. Você talvez queira continuar caminhando de forma inconsciente, normalmente entorpecido por uma materialidade inexplicável e sem sentido. Mas um dia, quando menos esperar, uma crise virá e te despertará. Abalará suas estruturas. E quer um conselho? Aproveite o momento!

Não há quem saia de uma crise sem se transformar, sem crescer e fazer brilhar um pouco mais da própria luz. A luz mais brilhante é aquela que emana da sua essência, da força e do brilho da autenticidade, do poder de ser você! Essas crises te levam para o mais profundo das suas sombras e te fazem emergir mais forte, na luz mais brilhante. Não se assuste mais diante de uma crise. Todas as vezes que um momento de crise chegar, agradeça, saiba que está diante de um processo de transformação, de crescimento para o melhor!

Você sabia que, para muitos, sofrer é mais fácil do que encontrar soluções? Quem se vitimiza, normalmente, culpa os outros pelos seus problemas e está sempre esperando que alguém venha salvá-lo. Não se responsabiliza por mudar sua postura e fazer diferente, porque, muitas vezes, isso significa que terá que tomar o controle de sua própria vida. Talvez você veja isso como algo ruim, porque em toda decisão existe o risco de falhar, e então não terá mais em quem colocar a culpa. Ou seja, será que você decidiu viver como criança diante da vida? Mas, fique em paz, porque eu tenho uma boa notícia: **Você pode mudar sua realidade!**

Comece a se acostumar com a palavra "ressignificar", que significa "dar um novo sentido".

Em uma jornada de autoconhecimento, inteligência emocional e, claro, a busca pela excelência, você conseguirá entender que o pensamento tem um poder incrível em sua vida. Nossos pensamentos moldam nossa percepção do mundo e influenciam nossas emoções, sentimentos, ações e comportamentos. Então, quando cultivamos pensamentos positivos e otimistas, tendemos a atrair mais coisas positivas para nossas vidas; assim como pensamentos negativos podem nos limitar e nos impedir de alcançar nosso potencial. Sabemos que a mais eficaz ferramenta para isso é a gratidão. Muitas tradições antigas enfatizam o poder do pensamento, como o ditado popular "você é o que você pensa" ou a ideia de que "onde a mente vai, a energia flui". A psicologia moderna também reconhece a importância dos padrões de pensamento na saúde mental e no bem-estar emocional. Mas, ao compreender esse poder, podemos direcionar nossas mentes para criar a realidade que desejamos. Isso envolve ferramentas como afirmações positivas, visualização criativa e atenção plena, entre outras inúmeras ferramentas que nos ajudam a cultivar uma mentalidade mais positiva e construtiva.

Esse entendimento mudou minha vida. Viver isso e colocar em prática, mudou minha forma de pensar e, por consequência, de viver. Refletiu (e ainda reflete) em tudo à minha volta. É muito poderoso. É divino. É o verdadeiro retorno para casa, para si mesmo, para o que realmente importa, para o que é verdadeiro e eterno. Mais ainda, é importante deixar claro que isso não é uma mágica e talvez não possa resolver todos os problemas, mas pode influenciar significativamente nossa atitude em relação à vida e às situações que enfrentamos. Ao cultivar uma mentalidade positiva e grata, podemos abrir portas para novas oportunidades e enfrentarmos desafios com mais resiliência.

Se você percebe que algo não contribui para o seu crescimento, saiba que você pode transformar-se completamente. Afinal, somos seres em construção, maleáveis e flexíveis. Podemos mudar as tendências ruins que estão em nossas vidas agora, nesse exato momento. Acredito que entender e aplicar conscientemente esse poder, pode ser transformador em sua vida. Tudo vem desse encontro consigo mesmo, com sua essência verdadeira e divina, da certeza do valor que tem, dos dons que possui, da força que carrega para realizar tudo que sempre desejou.

Saiba que tudo aquilo que você mais procura, almeja ou deseja para a sua vida já está disponível! Mas enquanto você não olhar com mais amor para si mesmo, nada de novo vai acontecer! Você precisa se conhecer verdadeiramente, basta fazer disso um exercício diário. Você pode começar com os agradecimentos a Deus e, com toda certeza, as outras coisas serão acrescentadas: paciência, resiliência, tolerância, generosidade, humildade e amor.

Então, te convido a começar (ou continuar) essa jornada de autoconhecimento. Eu te desafio a se amar mais, porque o amor-próprio é a chave que abre todas as portas fechadas da vida! Pare agora de congelar coisas que são passageiras, deixe ir aquilo que não é bom para seu crescimento. Só deixe ir.

Eu te garanto que, ao se preencher de amor-próprio, sua vida certamente vai melhorar em todos os sentidos, porque esse amor inevitavelmente vai te levar a situações, relações e à vida extraordinária que você deseja e merece ter! Então, você vai perceber naturalmente que já estará vivendo uma vida feliz, próspera, plena e **com excelência**.

"Amar-se
verdadeiramente é
conseguir enxergar
a si próprio com
os olhos de Deus."

Camila Muniz

DAYANA SOUZA

Eu sou Dayana Kelly Lorusso de Souza, 36 anos, natural de Astorga/PR, atualmente moro em Maringá/PR com minha família. Sou casada com Paulo Henrique Chaves de Souza desde 2011.Temos 5 filhos (isso mesmo, 5 filhos) e ao longo do capítulo, vou contar minha história sobre essa jornada chamada maternidade.

Sou formada em Administração, pós-graduada em Engenharia de Produção e especialista em Análise de Perfil Comportamental. Comecei a trabalhar com 16 anos, como vendedora, depois trabalhei em bancos como gerente de contas e, em 2015, saí do mercado de trabalho para acompanhar meu esposo em sua jornada profissional. Hoje, exerço o maior e melhor papel da minha vida: o de esposa e mãe.

dayalorusso

+55 (44) 99726-7471

dayalorusso@hotmail.com

POIS, SABENDO QUE O SENHOR ESTAVA COMIGO, CRIEI CORAGEM

6

Por Dayana Souza

Eu sou a Dayana, 36 anos, nascida e criada em Astorga/PR, filha de Mauricio e Flora, irmã mais velha de Elton e Ana Claudia. Nasci em um lar cristão-católico, onde aprendi desde cedo a amar e confiar em Deus, acima de todas as coisas. Tive uma infância muito feliz no sítio onde morei com minha família. É de lá que tenho as melhores lembranças da minha infância e adolescência.

Em 2007, com 19 anos, trabalhando como vendedora, atendi um rapaz, vindo do interior de São Paulo para trabalhar na usina da cidade. Mal sabia eu que tinha acabado de conhecer meu futuro esposo e pai dos meus filhos. Eu sempre quis me casar, ter filhos, ter uma casa cheia de vida e alegria, assim como tive na casa dos meus pais. Começamos a namorar em novembro de 2007; em 2010, ficamos noivos e marcamos nosso casamento para 12/02/2011. E assim aconteceu: um casamento lindo e abençoado, seguido de uma festa deliciosa, onde aproveitamos cada segundo daquele dia tão sonhado.s

No final de 2014, o Paulo recebeu uma proposta para trabalhar no interior de São Paulo. Eu teria que deixar meu emprego, meus amigos, sair de perto dos meus pais e irmãos e isso me deixou muito insegura. Pesamos todos os prós e contras e, em março de 2015, nos mudamos. Aos poucos, fomos construindo nossa vida lá, aumentamos nossa cumplicidade e parceria e decidimos dar um próximo passo no casamento: queríamos ter um filho. Em dezembro de 2015, tomamos essa decisão e em janeiro de 2016, engravidei. Foi uma alegria engravidar tão rápido. Logo descobrimos que quem estava a caminho era um menino, o nosso amado e tão sonhado Pedro Henrique.

Tudo estava indo perfeitamente bem, conforme havíamos planejado e achávamos que tudo estava no nosso controle. Em maio de 2016, quando estava com 5 meses de gestação, fui sozinha ao médico para fazer um ultrassom de rotina. Percebi que ele ficou tenso e chamou outro médico para participar do exame. Depois de longos minutos, ele, meio sem jeito, me disse: "Não tenho uma notícia boa para te dar: seu filho apresentou uma alteração, uma má formação cerebral e você precisa procurar seu obstetra, urgente". Eu fiquei em choque, paralisada. Aguardei o laudo, sem esboçar nenhuma reação.

Ao sair do consultório, entrei no carro, e aí sim desabei. Chorei tudo que tinha para chorar e vi ali o nosso sonho desabando. Tive muito medo e não entendia **porque** aquilo estava acontecendo. Tentei ligar para o Paulo, mas ele estava em reunião e não conseguiu me atender. Fui para casa desesperada, liguei para minha mãe e contei o que estava acontecendo. Ela também se desesperou, é claro, mas tentou me acalmar, mesmo à distância. Após isso, consegui falar com o Paulo e ele veio para casa. Choramos juntos e em silêncio, por um bom tempo.

Depois de uma longa noite, começamos procurar médicos especialistas e encontramos um que era referência, em São Paulo. Fomos para lá com a esperança de que encontraríamos uma solução. Após muitos exames, o médico nos disse com toda frieza do mundo: "A má formação do seu filho é incompatível com a vida e o melhor que vocês têm a fazer agora é abortar essa criança". Entramos em choque mais uma vez. Saímos do consultório pior do que entramos, mas o aborto não era uma opção para nós. Em meio a tanto medo e angústia, entregamos o nosso amado Pedro a Deus, pedimos para que Ele cuidasse do nosso filho e fizesse o que fosse melhor para ele.

Os meses seguintes foram difíceis, mas nunca perdemos a esperança. Minha gestação foi tranquila, Deus renovava nossas forças todos os dias e conseguimos chegar aos 9 meses (38 semanas). Em 20/09/2016, o nosso milagre nasceu e, contrariando toda a Medicina, chorou fortemente e surpreendeu a todos nós.

Foi uma alegria gigante poder ver com nossos próprios olhos o milagre de Deus acontecendo. No mesmo dia, o Pedro, passou por uma cirurgia neurológica e nos surpreendeu mais uma vez. Tivemos o privilégio de amar e cuidar do nosso milagre por exatas 38 semanas, o mesmo tempo que ele ficou em meu ventre. Para nós, isso foi a confirmação de que Deus estava nos presenteando com o Pedro sob nossos cuidados, durante essas 38 semanas, por termos feito o que Ele esperava de nós: deixado que Ele decidisse quanto tempo o Pedro viveria e não acatado a sugestão daquele médico. Em 10/06/2017, nosso anjo voltou para Deus. Foi o dia mais difícil de nossas vidas. Uma dor nos invadiu e parecia que aquilo nunca teria fim. Os meses foram passando e, com o amor de Deus e a consciência tranquila de que fizemos tudo que estava ao nosso alcance, fomos retomando nossa vida.

No início de 2018, decidimos que queríamos retomar o sonho de ter outros filhos. Engravidei duas vezes no primeiro semestre, porém, tive 2 abortos espontâneos. Então, em outubro de 2018, recebemos a bênção de uma nova gestação. Nosso tão sonhado João Francisco, nosso raio de sol, que chegou para iluminar nossas vidas e nos tirar do luto. A chegada dele foi como bálsamo em nossos corações. Ele era a prova viva de que Deus nos ama infinitamente e não nos abandona nunca.

Quando o João estava com quase 2 anos, percebemos que ele era uma criança quietinha demais para a idade dele: não falava, não nos olhava nos olhos, gostava de brincar sozinho. Buscamos orientação médica e recebemos o diagnóstico: João Francisco é autista. Nos preocupamos no início, mas logo pensamos: "Nós perdemos 3 filhos, o autismo não é nada!". Começamos as terapias imediatamente e fomos percebendo grandes melhoras, todos os meses. Hoje, com quase 5 anos, ele é um menino extremamente inteligente, amoroso, calmo, detalhista, entende tudo o que nós falamos e se comunica do jeitinho dele. Ele ainda não fala, mas tenho fé em Deus que em breve falará.

Com o passar do tempo, as pessoas que conheciam nossa história, perguntavam, mas já em tom de dúvida: "Vocês não vão ter mais filhos, né?". E o que eu sempre respondia era: "Eu quero muito ter mais filhos, mas preciso **criar coragem!"** (guardem essa frase). Esse foi meu discurso durante alguns anos. Então, sentimos o desejo de ter mais um filho, começamos a comer melhor, fazer atividade física, tudo como manda o protocolo. Mesmo os médicos falando que estava tudo bem, que eu podia engravidar, eu não me sentia preparada e sempre arrumava uma desculpa: "Vamos esperar nosso apartamento ficar pronto", "Vamos esperar o João Francisco ficar mais independente", e a hora nunca chegava.

Foi quando percebi que o que estava me impedindo era o meu **emocional**. Era medo de não estar saudável o suficiente e de tudo que já havíamos passado. E mesmo me achando forte e resiliente, vi que não conseguiria enfrentar aquilo sozinha. Em maio de 2023, procurei a Mércia para fazer um processo de *coach* individual. Logo na primeira sessão, senti uma conexão muito forte com ela: uma mulher temente a Deus, acolhedora, que falava com propriedade sobre emoções. As primeiras sessões foram de muitas descobertas: eu estava tentando ocupar espaços que não eram meus, assuntos que eu achava que estavam bem resolvidos, não estavam, havia medos que eu nem sabia que existiam, enfim, uma enxurrada de informações.

O processo de *coach* foi me trazendo muita consciência e eu vi que a mudança só dependia de mim mesma. Não foi fácil engolir o orgulho e mudar, mas eu não queria continuar do mesmo jeito. Ao longo das sessões, fui amadurecendo emocionalmente e, com isso, vi meu casamento sendo transformado, vi a relação com meu filho mudar para muito melhor, vi que deveria sair de alguns ambientes para conseguir estar em outros e tudo isso foi uma bênção.

Mesmo fazendo o *coach* individual, a Mércia me convidou para participar do *coach* em grupo. Foi um processo incrível de troca de experiências e ali, naquele grupo, senti muito forte a presença de Deus por cada um de nós, seus filhos amados.

Em julho de 2023, tivemos uma dinâmica: era a Caminhada da Felicidade, no Parque do Ingá, em um domingo de manhã. Eu fui, achando que era só uma caminhada. Mas ali, naquele domingo, Deus falou comigo. No final da caminhada, a Mércia distribuiu mensagens bíblicas, e a mensagem que eu peguei, foi: "Jesus levou sobre Si as minhas enfermidades e doenças e pelas suas feridas fui curado." (Isaías 53:4-5). Essa era a confirmação que eu tanto buscava, pois eu tinha medo de não estar saudável o suficiente para engravidar de novo. Me emocionei demais naquele momento e a Mércia, conhecendo minha história, chorou comigo.

Quinze dias depois, em outra sessão do *coach* em grupo, recebemos a Surpresa de Amor dos nossos amigos. A sala estava toda decorada, cheia de balões com mensagem bíblicas e coladas atrás das cadeiras. Cada um foi convidado a pegar essas mensagens. Escolhi um balão e a mensagem era: "Verdadeiramente, Ele tomou sobre si as nossas enfermidades e as nossas dores levou sobre si". (Isaías 53: 4-5). Sim, era **exatamente** a mesma passagem bíblica que eu havia pegado no Parque do Ingá, dias atrás. E Deus, não querendo que eu tivesse dúvida alguma, falou comigo pela segunda vez naquela noite: na cadeira que eu me sentei, estava a seguinte mensagem: "Pois, sabendo que o Senhor estava comigo, **criei coragem**". Era exatamente as mesmas palavras que eu usava quando alguém perguntava se eu queria ter mais filhos. Eu respondia: "Eu quero, mas preciso **criar coragem**". Naquele dia, eu tive a certeza de que Deus estava falando comigo e que eu podia descansar meu coração nEle e tentar uma nova gravidez. Contei para o Paulo sobre as mensagens e ele também ficou impactado. Ali, tivemos a certeza de que era a hora certa, escolhida por Deus, e não por nós.

Para nossa alegria, no início de dezembro de 2023, descobri que estava grávida novamente. Hoje estou com 5 meses, gerando nosso amado e abençoado Felipe, nossa promessa de Deus. Em 17 anos de história, posso dizer que o Paulo e eu estamos vivendo a melhor fase de nossas vidas, até então.

Com certeza a Mércia e "O poder da excelência" foram instrumentos usados por Deus, para nos encorajar a seguirmos o nosso sonho de termos mais filhos e podermos construir a nossa família, abençoada, amada e cuidada por Deus.

“O tempo de Deus é perfeito! Acalme seu coração e, no tempo certo, Ele falará com você!”

Dayana Souza

EDENISE ALVES ASSENCIO

Sou Edenise Alves Assencio, tenho 44 anos, divorciada, mãe do Felipe e da Helen, sogra da Gesle, avó da Lívia e da Alicia. Moro em Maringá/PR com a minha mãe, que está aos meus cuidados desde 2016, depois de ter um aneurisma cerebral (o qual me preparou, sem que eu soubesse, para viver o meu propósito).

Sou administradora de empresas por formação, porém deixei de atuar na área para viver o meu propósito (cuidar e amar pessoas). Hoje, minha área de atuação é no cuidado ao idoso, no Centro Dia La Amore, em Maringá.

Através do autoconhecimento e da autorresponsabilidade, tenho experimentado abundância, plenitude e uma vida próspera, e não falo somente de dinheiro, mas também sobre ele. Pude viver o amor ao próximo e o amor-próprio de forma plena.

edenisea

+55 (44) 98414-9964

assencioede@gmail.com

É POSSÍVEL VIVER, APESAR DE... 7

Por Edenise Alves Assencio

Como cheguei ao meu limite? Desde a minha infância, passei por situações que acredito que nenhuma criança deveria passar. Essas coisas causam feridas, marcas e crenças que distorcem a nossa verdadeira identidade. A rejeição, falta de paternidade e de cuidados básicos causam uma força enorme, o amadurecimento precoce, a construção de muros de proteção e votos secretos.

Ao ter sido abusada sexualmente aos 9 anos, eu decidi que nunca mais ninguém abusaria de mim. Meu último relacionamento, que durou 11 anos, era um casamento aparentemente perfeito, até que explodiu a bomba: ele era pedófilo. Me descobri uma pessoa dependente emocional, com vícios emocionais que nem sabia que existiam. Não conseguia sair do círculo vicioso: mais feridas, mais dor, mais humilhação. Já não existia motivos para continuar.

Quando eu fui convidada para uma palestra da Mércia Menezes, eu não queria ir, inclusive só fui porque a minha amiga Day (Dayane de Paula Martins) não desistiu de me convidar. Na primeira vez, eu dei uma desculpa banal e pronto. Ela insistiu e eu, para me ver livre dela, aceitei. Pensei: "Vou logo nisso e ela vai parar de me chamar". Inocente e sem saber que aquela palestra mudaria a minha vida para sempre.

Ouvi muitas verdades naquele lugar, que me fizeram desistir do suicídio, programado para aquela semana. Eu já havia tentado com medicação, mas não deu certo. Fui socorrida e levada ao hospital (essa parte da minha vida está sendo colocada pela primeira vez aqui. Antes, somente minha psicóloga, meu ex-marido e a equipe médica que me atendeu sabiam disso), então, eu planejei outra maneira mais eficaz e que não houvesse erro, mas Deus tinha planos melhores para mim e eu fui naquela palestra. Cheguei destruída, quebrada, parecia um animal ferido e abandonado, arisco e agressivo.

Fui convidada para fazer parte do *coach* em grupo e é claro que eu não aceitei. Dei muitas desculpas e uma delas, que eu acreditei que daria certo, foi que eu não tinha dinheiro. Mas a Mércia entrou em contato comigo e me disse que me presentearia com o curso, que eu só precisava ir e fazer. Sem nenhuma outra desculpa que pudesse usar, comecei a fazer, mas sem muita perspectiva. Chegava atrasada para não falar e nem cumprimentar as pessoas e saía mais cedo pelo mesmo motivo. Eles abraçavam demais e eu não suportava abraços e demonstrações de afeto.

Foi com muita dor que comecei a entender sobre a autorresponsabilidade, o autocuidado, comecei a fazer as tarefas impostas no curso e fazia sem acreditar que iria funcionar. Eu mandava mensagem para a Mércia e falava que não entendia porque fazer aquilo, se nem eu acreditava, que eu não gostava de gente e não queria conviver com pessoas (entre tantas outras coisas). Mas, para a minha surpresa, as coisas começaram acontecer, as feridas escondidas começaram a ser expostas e então puderam ser limpas (esse processo causou muita dor), mas eu entendi que precisava escolher qual dor queria sentir: a dor de limpar as feridas e doer muito, para não doer nunca mais, ou permanecer sangrando para sempre — como estava até então. Nessa parte, me lembro com emoção do meu amigo e também *coach* Audrey Garcia, que enfatizava isso para mim todos os dias.

Nesse processo, eu me senti amada e cuidada, mas ao mesmo tempo tive que tomar o meu lugar de protagonista da minha vida e sair do papel de vítima. Eu tive que entender que o passado não poderia ser mudado, que o futuro pode não chegar e que a única coisa que tenho é o agora. O que eu decidi fazer com o que me aconteceu? Princípio 10/90. Não é o fato em si, é a atitude diante do fato.

Em meio a tudo isso, comecei o meu processo de *coach* individual com o *master coach* Wagner Menezes, foi e tem sido um processo transformador. Sou confrontada diariamente e ele consegue arrancar a minha melhor versão, sempre com muita paciência e amor. Eu era rebelde e não concordava com as atividades, pelo simples fato dele ser homem e os homens significavam para mim abuso, maus tratos, abandono e rejeição. Eu odiava quando entregava a tarefa da semana e lido o livro *A raiz da rejeição* e ele me mandava ler novamente na tarefa da semana seguinte. Perdi as contas, mas acredito que li esse livro umas 5 vezes.

Esse processo foi um desafio para o Wagner, ele superou e se sobressaiu muito bem, pois recebeu a orientação de me demitir do processo. Mas, não desistiu de mim, continuou, e até hoje é meu maior apoiador, conselheiro e amigo. Ele me ajudou a lapidar minha nova versão, a me tornar quem tenho orgulho de ser hoje e a restaurar a minha verdadeira identidade em Cristo. Ele me mostra sempre as qualidades e potenciais que existem em mim e que, muitas vezes, não consigo ver. Gratidão é a palavra, pela vida desse grande ser humano que me direcionou a primeiro aceitar que eu posso errar e fracassar, que isso me torna **humana**. Eu havia assumido uma posição na vida que não era minha, que me obrigava a ser forte sempre e isso era muito pesado. Quando aprendi a reconhecer que fiz o meu melhor, mesmo que isso não tenha sido tão bom, aprendi a reconhecer a minha humanidade e me acolher mais.

Acolher a minha verdadeira identidade: que eu sou amada, que eu sou forte, que eu tenho valor pelo que sou e não pelo que eu faço. Eu tinha essa necessidade de fazer e fazer para ser amada, cresci ouvindo coisas como: "Você é feia, tem que estudar e trabalhar para se sustentar porque é feia, nenhum homem vai querer você!", "Você é burra, não vai ser ninguém na vida". Eu ainda estou no processo, e, continuar, mesmo sem acreditar, me trouxe a esse outro nível, onde meu propósito me encontrou. E foi de uma maneira muito natural, somente me permiti.

No meio desse processo, conheci a La Amore - A Casa do Cuidar, lugar onde trabalho, hoje, como cuidadora de idosos. Lá, encontrei pessoas incríveis que também vivem seus processos, que me amaram e me mostraram que eu tinha valor e que nem tudo o dinheiro compra. Conheci pessoas que me defendem quando eu não estou presente. Me permiti receber o perdão de Deus, o meu próprio perdão, me permiti olhar para dentro de mim com transparência, verdade e sem julgamentos, para me encontrar com quem eu realmente sou. Reconhecer meus erros e querer mudar a rota, no encontro do autoconhecimento, me permitir sentir a vida, aceitar a vida, o amor-próprio. E sim, é possível amar e ser amado.

Nada como um dia após o outro, como o respeito com o tempo que você precisa para viver o seu processo. Eu me permiti e, hoje, sei o meu lugar no mundo, hoje meu propósito me encontrou. Você acreditaria se eu te falasse que hoje, um ano e meio depois, eu trabalho cuidando de pessoas? Que eu amo muito o que eu faço? Sim! Eu já não trabalho mais em um escritório, de onde eu saía todos os dias com dor de cabeça. Então você pode pensar: "Mas você estudou e se formou, e agora faz outra coisa?". Sim, agora eu vivo o que eu fui programada para fazer desde que eu estava no ventre da minha mãe.

Eu cuido de pessoas, com as quais eu aprendo diariamente sobre o amor, sobre a finitude da vida, sobre o que é realmente importante para viver. Aprendi que é possível viver, é possível amar e ser amada. Permita-se ser amado, permita-se ser cuidado, permita-se depender, permita-se viver o seu propósito.

Para saber o seu propósito, é bem simples. Responda a seguinte questão: se você ficasse milionário hoje, continuaria fazendo a mesma coisa? Se a resposta for não, alguma coisa está errada. Propósito não tem a ver com dinheiro, tem a ver com missão, com chamado. O dinheiro é só a consequência.

Falando nele (o dinheiro), ainda não estou onde planejo chegar, mas estou duas vezes melhor do que de onde eu saí. Me permitir **ser** humana foi a melhor decisão da minha vida. O sucesso e a fama são coisas diferentes, o seu sucesso é medido quando você valoriza o que o dinheiro não compra: um abraço do filho, uma mensagem perguntando se você chegou bem, até mesmo a recepção do seu cachorro, feliz, porque você chegou depois de 16 horas fora de casa. A fama é só ser conhecido por fora.

Como já disse e faço questão de enfatizar: eu estou no início do meu processo e sei que ele nunca vai acabar, pois ele é para sempre. Mas, algumas coisas já me fazem viver e viver melhor! Muito mais que isso: me fazem falar em alto e bom som que sim, é possível viver, é possível amar e ser amado, mesmo correndo o risco de me decepcionar de novo com as pessoas. E se isso acontecer, está tudo bem, porque hoje eu entendo que sou eu quem cria a expectativa sobre o outro, e as atitudes do outro tem a ver com ele e não comigo.

Como está sendo o meu crescimento? Tenho aprendido a servir com amor e verdade. Descobri em mim uma paciência que eu jamais imaginei, consigo sentir a dor do outro, me permito receber amor (sem muros), aprendi a ser autêntica, sem dor. Uma das coisas que eu aprendi vivendo o meu propósito, é que quando envelhecemos, percebemos que poderíamos ter feito as coisas de maneira diferente do que foram feitas, e que o arrependimento na velhice só causa dor.

Por isso, devemos plantar as sementes da verdadeira gratidão, pois somente assim teremos a certeza de uma colheita generosa e abundante. A vida é movimento e se nos movemos com gratidão, as coisas acontecem de maneira natural e leve. A vida não tem um botão para ligar e desligar a hora que a gente quiser, não somos donos da nossa vida, mas podemos escolher viver da melhor maneira o agora. O hoje é a nossa única certeza, em nossa mente arrogante temos a certeza que "amanhã faremos", mas nos esquecemos que não temos a certeza que haverá amanhã.

"Muitas pessoas não estão vivas, de fato, mesmo com o corpo funcionando bem. É uma coisa terrível. Pessoas enterram suas dimensões emocional, familiar, social e espiritual." (Ana Claudia Quintana Arantes)

"Não tenha pressa, o final de toda vida a gente sabe qual é, aproveite, sorria mais, divirta-se mais, pare de precisar sempre de algo que você não tem para se sentir completo." (Caio Carneiro)

Gratidão é a palavra. Sou grata por não terem desistido de mim. Gratidão a todos que me fazem crescer de dentro para fora.

★ ★ ★ ★ ★

"Gratidão é a palavra. Gratidão é a chave para a vida. Quando a chave virou, eu consegui entender que tudo o que reclamamos vem até a nós."

Edenise Alves Assencio

EDMARA TANTIN

Eu sou Edmara Tantin, divorciada, natural de Marialva/PR. Resido em Maringá/PR, com minha mãe Tereza Loli Tantin e meu filho Rênisson Tantin Ragiotto.

Sou farmacêutica-bioquímica atuante, formada pela Universidade Estadual de Maringá/PR, mestre em Ciências pela Universidade Estadual de Londrina/PR, advogada pela Faculdades Maringá/PR, especialista comportamental pelo Instituto de Desenvolvimento Comportamental - IDEC/SP.

Tenho vivido muitos desafios e decidi investir na jornada do conhecimento, para me conhecer e poder me tornar uma pessoa melhor para mim e para todos do meu entorno.

tantinedmara

Edmara Tantin

tallista1@hotmail.com

ME PERMITI DESFRUTAR DAS MUDANÇAS

8

Por Edmara Tantin

Meus pais tiveram três filhos: minha irmã mais velha do que eu cinco anos, eu e meu irmão gêmeo. A convivência com meu irmão foi muito próxima até meu casamento, aos meus 20 anos; com minha irmã, tive pouca convivência na adolescência, melhorando um pouco na idade adulta e depois do meu casamento.

Nessa época, a família parecia estruturada, nos reuníamos todos os domingos, cada domingo na casa de um de nós, até que aconteceu a separação de meus pais. Depois disso, já não havia mais reuniões e isso nos distanciou muito, tornando a nossa relação muito fria. Algum tempo depois, minha irmã também se separou, mudou-se para Maringá, tornando mais distante nosso contato. Meu irmão, por muito tempo, também esteve morando em outra cidade e, um pouco mais tarde, minha mãe também acabou se mudando para Maringá. Agora, a família parecia ser apenas eu, meu marido e meus três filhos.

Meu relacionamento com meu marido parecia bom, pois estávamos sempre juntos, adorávamos dançar, sempre que podíamos viajávamos, sozinhos e também com nossos filhos. Tudo parecia bem. Mas os caminhos acabariam tomando novos rumos, dado aos não bons acontecimentos.

Um de nossos filhos se envolveu com drogas e foram longos 10 anos de lutas e sofrimento, mas o Criador, em Sua misericórdia, o resgatou e hoje ele é piloto de aeronaves, casado e tem duas lindas filhas.

Tínhamos uma empresa, que se manteve saudável por quase 20 anos, porém, numa época em que a economia era extremamente instável, passando por inúmeros planos econômicos de governo, várias mudanças de moeda, o que acabaram por fazê-la sucumbir. Tentamos proteger os funcionários e suas famílias, transferindo nossa empresa para uma outra do mesmo ramo.

Desse momento em diante, o nosso casamento também entrou em falência, por razões que até hoje eu não consigo definir. Meu marido se tornou frio e distante comigo, a intimidade foi se perdendo e já não tínhamos mais a conexão de outrora. Fomos nos afastando cada vez mais, já não olhávamos para os mesmos objetivos. Nesse período, comecei a minha faculdade de Direito, até como uma forma de me sentir menos só. Agora, eu já sentia meu marido como um estranho, não sendo mais possível a nossa convivência.

Era início de 2010, chegava ao fim meu casamento de 32 anos, depois de uma longa jornada de tentativas de levar o relacionamento a um bom lugar. Eu estava no meu último ano do curso e fui morar com minha mãe, em Maringá. Meu ex-marido continuava em nossa casa, até que se envolveu com uma garota, a engravidou e foi morar com ela. Então, para não deixar meu filho sozinho, eu e minha mãe voltamos a morar na minha casa. Ficamos juntas por pouco mais de 5 anos, quando ela retornou para sua casa em Maringá.

Os anos que se seguiram foram de muita solidão, tristeza, regados de muitas lágrimas. Este cenário me deixou frágil e vulnerável. A carência afetiva me fez percorrer caminhos dolorosos, com relacionamentos desastrosos. Eu precisava encontrar uma maneira de aliviar a dor na alma que eu sentia. Comecei a buscar terapias alternativas e depois de passar por um tratamento de biomagnetismo, fui direcionada ao *master coach* Denilson Balbino. Estávamos em meados de 2017, demos início ao processo terapêutico usando ferramentas de arte terapia, incluindo a arte neural, trazendo para a minha vida um novo significado, à medida que desenvolvíamos nossos projetos. Agora estamos perto de desfrutar do nosso esforço e dedicação. Foi e ainda continua sendo um trabalho de reestruturação interna minha e de mim com o meu entorno.

No ano de 2020, minha mãe voltou a morar comigo, e isso trouxe uma enorme mudança para a minha vida. Eu me sentia sozinha, com uma enorme mágoa em relação aos meus irmãos, que pareciam não se importar em ter cuidados com a minha mãe e eu os fazia cada vez mais distante de nós. Nosso contato era ínfimo. Só falava com eles quando estritamente necessário. A pandemia do COVID reforçou todo esse cenário. Eu, como profissional da saúde, em momento algum deixei de trabalhar. E a vida girava, quase que tão somente em torno do trabalho.

Começamos então a trabalhar em mim a faculdade de desapego, de permitir a aproximação de meus irmãos e deixar florescer o amor que sempre existiu entre nós. Essa não era uma tarefa fácil, pois havia muita resistência em mim, em perceber que tudo acontecia dentro de mim. Eu me debatia em meus questionamentos, em busca de respostas e entendimento. Era lenta a evolução para a reconciliação que, apesar de eu querer, resistia.

Não bastasse esse descompasso afetivo em que eu vivia, em junho de 2023, a esposa de meu filho caçula o deixou e ele veio morar comigo. Em setembro do mesmo ano, minha companheira de jornada no Instituto Ihuns, Mirian Izaías da Silva Javera, me convidou para assistir uma palestra que tinha por título: "Por que ser bom se você pode ser excelente?". Eu não tinha disposição, tampouco motivação, mas acabei por aceitar o convite.

Assisti a palestra, ministrada pela *master coach* Mércia Menezes. Fiquei bastante impactada com o conteúdo e a metodologia apresentados, convencida de que deveria me envolver com esse processo. Assim, fizemos, eu a Mirian, "O poder da excelência 10" (parte 1). No início do processo do *coach* em grupo, me sentia muito incomodada com as tarefas e ferramentas propostas, o que me levou a buscar o atendimento individual, para mergulhar mais profundamente nas minhas memórias e ser capaz de acompanhar a jornada.

Havia tarefas que eu tinha muita dificuldade em cumprir e a princípio me pareciam inúteis, que eu estava perdendo meu tempo em executá-las, pois eu não via resultados acontecendo, mas a minha obediência, disciplina e dedicação me ajudaram a continuar a jornada. Findamos a primeira parte, vindo em seguida a parte 2. As tarefas, as leituras e os vídeos se acumulavam e houve um momento que eu entrei em pânico, por não estar conseguindo cumprir da maneira que eu desejava fazê-los, mas à medida em que progredia o processo, fui me permitindo me cobrar menos e avançar mais. A constância na execução das tarefas e a prática das ferramentas me levaram a um patamar de compreensão de minhas fragilidades, meus sabotadores, me proporcionando a me olhar com mais amor. Agora, já conseguia abraçar minha mãe, procurar meus irmãos. Já não tinha mais receio de buscar ajuda com eles para os cuidados com ela. Começamos a manter um diálogo mais eloquente e constante.

Demorei a perceber que as "cascas" estavam sendo lentamente removidas, até que a semente da transformação fosse exposta, para então poder florescer. Tinha dificuldade em perceber os pequenos ganhos, que se tornaram grandes ganhos. Conhecer o meu perfil comportamental em muito tem me ajudado a controlar minhas emoções e a conduzir-me nessa jornada.

Quando findamos a segunda parte do processo, convidei meu filho Rênisson a assistir a palestra com a Mércia. Como ele está envolvido em estudar para concurso e me via fazendo as tarefas, hesitou em aderir, mas o fez. Em novembro de 2023, fizemos o CIS 235, em São Paulo. Foram dias extenuantes, mas de um impacto profundo em nossas mentes. O que vimos, sentimos e compartilhamos deu o *start* para sermos capazes de colocarmos um novo olhar em nossa condição humana. Meu filho voltou com muito mais disposição de passar pelo processo e eu em prosseguir rumo a viver o extraordinário da minha vida.

Estar nessa jornada, que começou em 2017 e ainda continua com o *master coach* Denilson Balbino — e que agora se estende com a *master coach* Mércia Menezes — tem tornado minha vida menos dolorida, tenho conseguido desfrutar momentos de tranquilidade e felicidade. Me percebo, apesar de ainda estar muito acelerada, mais leve, mais serena. Ao obedecer e executar as tarefas, pude perceber que toda a resistência de aproximação dos meus irmãos era um sentimento exclusivo meu e me livrar disso foi algo realmente transformador. É maravilhosa a sensação que tenho ao abraçá-los, com entrega de um amor genuíno. Nosso relacionamento, hoje, é permeado pelo sentimento que tudo cura — o amor.

Com esses pequenos grandes ganhos, estou sendo capaz de propor aos meus irmãos que passemos uma tarde de domingo, apenas nós, com a nossa mãe, que já tem 90 anos, para que possamos juntos celebrar o nosso amor por ela. Ainda preciso considerar que meu comportamento tem mudado, com todos a minha volta, me permitindo me posicionar, sem magoar ninguém.

Todas as ferramentas que nos são oferecidas durante esse processo, se usadas adequadamente, tem poder para transformar nossa vida, basta que nos entreguemos de coração aberto a ele. Estar caminhando junto com meu filho é uma grande alegria, pois podemos nos ajudar, nos apoiar, aprendermos um com o outro, o que certamente contribuirá para um resultado positivo e mais rápido.

Eu sei que eu estou ainda expondo a semente da transformação aos nutrientes que ela precisa para germinar, crescer saudável para florescer, mas sei também que eu e meu entorno poderemos usufruir de todos os frutos que ela nos proporcionará. Entendi que a inteligência emocional tem que ser desenvolvida para que eu possa ter sucesso em todas as áreas de minha vida e viver na plenitude o propósito de Deus para mim. Hoje estou buscando uma casa maior, para que eu possa receber todos os meus queridos e poder desfrutar da companhia deles, num ambiente de paz, amor e harmonia. Eu quero poder viver o extraordinário de Deus, quero que aqueles que me rodeiam sintam-se amados e desejem a minha companhia e espero que todos os seres humanos também o queiram. Sou feliz e grata por ter a chance de tentar!

"Eu tinha dificuldade para perceber os pequenos ganhos, que se tornaram grandes ganhos."

Edmara Tantin

EDSON ISHIKAWA

Eu sou Edson Ishikawa, tenho 66 anos, sou casado há 38 anos com a Bete. Temos 4 filhos: André, Ricardo, Fernando e Newman.

Estou aposentado, mas isso só potencializou meu lado empreendedor. Sou empresário das franquias Kenko Patto, Ozoxx e Atomy do Brasil, atuando no setor de saúde e bem-estar.

Eu faço a minha vida valer a pena. Eu sou imparável!

edsonkazuoishikawa

+55 (44) 99844-6677

edson.ishikawa8@gmail.com

9

RENASCIMENTO

Por Edson Ishikawa

Sou Edson Ishikawa e vou contar sobre o meu renascimento. Comecei trabalhar muito cedo. Me tornei um empresário bem-sucedido, o que me proporcionou uma vida financeira muito boa. Sempre fui uma pessoa muito querida pelos amigos e funcionários.

Voltando à minha infância, na escola tive muitos problemas. Era um péssimo aluno (me fizeram acreditar que eu era assim). Repeti de ano muitas vezes, precisando de aulas particulares para avançar. Sempre recebi tudo dos meus pais, mas o afeto e o carinho eram restritos. Hoje, eu compreendo que não tinha como eles darem aquilo que não receberam. Meu pai só mostrava o caminho, não me ensinava. Eu aprendia vendo ele fazer. Mas tenho muita lembrança boa dele, ele me confortava.

Minha mãe tinha o toque e o carinho. Eu era o filho mais velho, por isso recebia tudo de bom da parte dela, mas ela tinha palavras duras também, confirmando que eu não era bom o suficiente. Ela me chamava de "cabeça de abóbora pobre" e me chamou algumas vezes de "burro", quando eu chegava com a nota ruim. Certa vez, ela recebeu uma orientação para cozinhar um cérebro de boi e dar para eu comer, para ver se se eu ficava inteligente. Assim, ela fez e me deu, mas eu não comi, dei para o cachorro. Chorei muito, foi muito complicado.

Nos esportes, também não ia muito bem, pois fisicamente era muito fraco. Fui xingado e debochado. Sofria *bullying* por ser filho de japoneses, era chamado de bode. Hoje tenho orgulho de ser japonês. Sofria *bullying* por ser fraco fisicamente e por acharem que, por ser japonês, eu tinha que ser o mais inteligente e foi assim até minha faculdade de Economia.

Mas fui me desenvolvendo, tentando me defender, até que comecei a ler as biografias de Tomaz Edson e de outros homens que eram ruins e se tornaram extraordinários.

Quando eu tinha 17 anos, queria morrer, pensava em me suicidar. Daí descobri a espiritualidade e fui salvo, nesse momento, pela minha entrega. Me lembro também, eu já dirigindo. Meu irmão era o Ayrton Senna para dirigir e eu era o lerdo, o burro, a tartaruga, o fraco. Depois de tanto sofrimento, vergonha e humilhação, na universidade descobri que eu tinha miopia e que eu não era burro. Quantos momentos eu quis acabar com a minha vida, pois me sentia muito inferior e infeliz. Quando descobri que eu era míope, começaram as mudanças. Consegui estudar melhor, a fazer trabalhos manuais e a praticar esportes, pois gostava muito.

Através de uma filosofia japonesa, descobri que eu era filho de Deus, isso mudou o meu destino, comecei a ver um mundo melhor. Eu me casei no ano de 1986 com a Bete, minha companheira até hoje e tivemos 4 filhos. O início do casamento foi muito ruim, um caos. Meus filhos sofreram muito. Sem consciência, eu repetia o padrão do meu pai em relação à vida e trabalho. Me tornei um empresário bem-sucedido, materialmente falando, mas o trabalho me consumia e acabei deixando minha família de lado, pois pensava que o dinheiro era o que ia proporcionar felicidade a mim e a eles.

Por ser um empresário bem-sucedido, acabei me destacando e fui convidado a participar do Rotary Club, na cidade de Maringá. Me senti muito bem lá, pois conheci um novo propósito. Me tornei presidente do Rotary por 2 vezes, até minha saúde me obrigar a me afastar.

Em 2000, meu pai veio a falecer. Fiquei muito triste, pois ele tinha se tornado meu melhor amigo e minha referência. Acabei tendo um AVC no final desse mesmo ano, paralisando todo meu lado direito do corpo. Perdi a fala e os movimentos dos braços e pernas. Foi uma batalha para me restabelecer. Fiz muita fisioterapia. Meu filho me ajudou e encapou uma caneta para eu poder escrever novamente. São mais de 20 anos nessa batalha.

Após os meus 64 anos, tive mais alguns problemas físicos que demandaram um cuidado especial dos médicos. Precisei tomar muitas injeções para amenizar a dor, o que resultou em uma queda muito grande em minhas plaquetas, baixando para 7 mil, sendo que o normal é de 400 mil. Meu quadro era tão grave que cheguei a ter sangramento pelas narinas por 5 horas seguidas. O médico que me atendia simplesmente me desenganou, dizendo que era para eu ficar com Deus. Meu estado era gravíssimo. Nesse período, fiz mais de 7 transfusões.

Num dia, quase sem esperanças, uma amiga, a Márcia, me mandou um convite dizendo: "Edson, vá a uma palestra de *coaching*, que será gratuita. É hoje, às 19h". Confiei nela e decidi participar. Assim fui, sem pretexto algum, onde conheci a maravilhosa *coach* Mércia e seu esposo, Wagner.

Estávamos em plena pandemia da covid 19, eu debilitado fisicamente, mas senti que deveria participar. Me senti à vontade naquela noite e decidi fazer as sessões de *coaching*. Era a turma 2 do método "O poder da excelência", que iniciou em fevereiro de 2021. Quando comecei fazer o curso, por conta das tarefas propostas pela Mércia, voltei a escrever, até então eu só assinava cheque.

Aprendi como renascer. Aprendi sobre os 11 pilares da vida, que não tinha como ser feliz num único pilar. A partir daí, fui trocando os males do passado que estavam enraizados por anos, ressignificando a minha história, enviando novos estímulos ao meu cérebro, enfim, recebendo muita atenção. Via e sentia a preocupação e cuidado da *coach* Mércia com os alunos. Quando pensei que já estava pronto para uma nova vida, recebi um convite dela para fazer o processo de *coaching* individual. Foi assim que eu iniciei um novo ciclo em minha vida. Estava decidido a utilizar mais firmemente as ferramentas do *coaching*, melhorando e potencializando meu projeto de vida.

Um dos objetivos foi iniciar uma caminhada de 3 km, todos os dias, com chuva ou sol. Lembrando que o médico não tinha me dado nenhuma esperança de vida, devido às plaquetas estarem extremamente baixas. Fui fazendo as tarefas, disparando os hormônios da felicidade, mudando a minha comunicação. Durante a caminhada, eu mentalizava as ferramentas que aprendia no processo. Eu chamo de "caminhada *coaching*". Faço, sistematicamente, até hoje a minha caminhada. Fui sentindo minha saúde retornar. Fui sentindo a vida retornar. Acredito que morri para renascer e, hoje, estou livre para uma nova vida.

Fui fazendo todas as tarefas para ajudar meu estado mental, espiritual e físico. Aconteceram muitas mudanças em todas as áreas da vida, para melhor. Disse um dia, em sessão, para a Mércia: "Você está me empurrando, me chutando para Jesus e é Ele que vai me curar!". Depois de quase 20 anos, fui à missa. A igreja estava linda! Chorei quando comunguei. Jesus entrou em mim para me curar. Esse foi o maior ganho do processo, aceitar a Jesus.

Durante o curso, a Mércia me fez conhecer meu perfil comportamental, através do Cis Assessment, reforçando ainda mais meu perfil rotariano. Senti que minha alma se alegrou de vez. Descobri que tinha dois perfis voltados para pessoas, influente e estável. Minha potencialidade era trabalhar com e para pessoas.

Consegui me perdoar, primeiramente, através das ferramentas do *coaching*. Com isso, liberei tudo o que me bloqueava. Também consegui pedir perdão para minha família e aos meus filhos, pelo que havia feito e os machucou. Eu entendi que eu não era os meus erros, e que tudo o que eu não tinha feito por eles, era porque eu não sabia. No processo, fui fortalecendo a minha identidade através de um exercício rotineiro. Só escrevendo características positivas minhas, porque aprendi que o cérebro não distingue o real do que é imaginado. Decidi fazer o caminho contrário de tudo o que eu tinha ouvido e sentido. Escrevia: "Eu sou inteligente, eu sou filho amado do Criador, eu sou um empresário de sucesso, eu sou um ótimo esposo, eu sou um pai amoroso". E assim foi tudo se tornando real.

Me candidatei ao Rotary novamente, ao qual eu tinha me desligado pela saúde. Foi um dos objetivos do processo. Fui reintegrado com vários amigos querendo ser meus padrinhos. O conselho votou por unanimidade o meu retorno. Em 2022, apresentei a Mércia para o presidente do Rotary, usando a minha influência, fizemos o convite e ela fez uma palestra sobre a importância da inteligência emocional. Pude entregar um pouco do que aprendi aos rotarianos. Foi um momento especial.

Assim recomecei a conexão com Deus e as pessoas, e comecei viver minha missão através de projetos, tendo a certeza de qual era o meu propósito nessa terra. Retornei às minhas atividades empresariais e fui convidado a fazer uma viajem para o Japão, junto com a comitiva da prefeitura de Maringá, onde visitamos várias indústrias e também castelos da dinastia japonesa. Assim, fiz amizades com os rotarianos do Japão, onde tenho certeza de que trocaremos grandes ideias e negócios para os dois países.

Após a minha viagem ao Japão - vale confirmar que lá não existe lixo no chão e a cultura disso vem desde a educação nas escolas e sociedade - decidi fazer o Projeto Maringá Limpa (Lixo Zero), pelo Rotary Internacional. Fiz uma apresentação no meu Rotary Club sobre a minha viagem com a comitiva da prefeitura de Maringá. Formamos, então, a comissão de projetos, para podermos alinhar o projeto com os Rotarys do Japão e de outros países. Meus companheiros me apoiaram e o presidente do meu Club levou a ideia ao prefeito de Maringá, que achou uma excelente ideia e me apoiou. No próximo dia 27 de abril de 2024, meu projeto será lançado numa praça, na cidade de Maringá/PR. A equipe da prefeitura entrará com máquinas pesadas para retirar uma banca de revistas inativa e carros-pipa para lavar e pintar.

A minha decisão é que Maringá seja uma semente para todo o território brasileiro. Em setembro desse ano, vou fazer uma viagem para o Oriente, Ásia e Europa, para trazer ideias e parceiros para apoiar essa causa, pelo Rotary Internacional.

Durante o curso "O poder da excelência", minha mente se expandiu e adquiri franquias, por indicação da Mércia. Hoje, tenho rendas extras, pois sou ligado a um grande ecossistema de *networking*.

Eu sou muito grato a toda a família Poder da Excelência e a Mércia, minha grande mestre.

Que essa leitura te motive a viver e a realizar, tendo a certeza de que você é o(a) único(a) responsável pela sua vida e pelas suas mudanças.

★ ★ ★ ★ ★

"Acredito que morri para renascer e, hoje, estou livre para uma nova vida."

Edson Ishikawa

EDUARDO ACETI

Sou Eduardo Aceti, 84 anos, natural de Ipaussu/SP, casado com Áurea há 51 anos. Temos 3 filhos, Wal, Mércia e Júnior, e 7 netos. Resido com a família em Maringá desde 1963.

Estou aposentado há 23 anos, mas trabalho como corretor de imóveis, credenciado há 20 anos, em parceria com várias imobiliárias.

Sou instrutor bíblico há 55 anos e especialista nos estudos das profecias de Daniel e Apocalipse, onde tenho um livro publicado. Estou concluindo o segundo livro, com comentários proféticos, históricos e geográficos, relacionados ao mesmo tema.

Ministro curso nas igrejas, na prefeitura de Maringá e no Grupo Excellence (empresa da minha filha Mércia).

Mantenho minha mente ativa estudando diariamente e faço caminhadas de 5 km todos os dias.

+55 (44) 99945-8226

Eduardo Aceti

RESGATADO PARA SERVIR

10

Por Eduardo Aceti

Nasci em Ipaussu/SP, no ano de 1939, onde permaneci com a família até 1960. Vindo para o Paraná, residi 3 anos na cidade de Tapejara e, em 1963, nos mudamos para Maringá, onde resido até hoje.

Como descrevi na minha biografia, sou um profundo estudioso da Bíblia, mas antes do Evangelho me alcançar, vivi num mundo paralelo como músico e artista, em parceria com meu saudoso irmão Olívio.

Início da carreira

Éramos artistas. Formávamos uma dupla sertaneja, com o nome artístico de Zino e Zeno, registrada na ordem dos músicos do Brasil. Tínhamos um programa patrocinado na rádio difusora de Cruzeiro do Oeste/PR, por 2 anos, seguindo para Maringá, onde nos apresentávamos em várias emissoras locais. Cantávamos nas rádios e fazíamos *shows* nos circos em Maringá e região a convite dos maiores artistas sertanejos da época, quando passavam pela região. Cito alguns nomes: Lourenço e Lourival, Zilo e Zalo, Tião Carreiro e Pardinho, onde nos tornamos grandes amigos, a ponto de sermos convidados para irmos a São Paulo e fazermos nossa primeira apresentação na Rádio Nacional Paulista, no programa Alvorada Cabocla, com o popular apresentador Nho Zé, famoso em nível nacional.

Nossa carreira estava para decolar. Éramos apadrinhados por esses artistas, já tendo divulgação do nosso nome na rádio nacional de São Paulo. Tudo acontecendo muito rápido. Foi então que veio a intervenção divina, obra do Espírito Santo. Meu irmão, companheiro de música, ouviu o programa A Voz da Profecia, da Igreja Adventista do Sétimo Dia, apresentado pelo saudoso Pastor Roberto Rabelo e quarteto Arautos do Rei. Programa que levava a mensagem de esperança e falava da volta de Cristo. Estávamos de mudança para São Paulo, para alavancarmos nossa carreira, mas meu irmão, ouvindo diariamente o programa, se sentiu profundamente tocado pela mensagem e desistiu de seguir a carreira, findando nossa jornada artística como Zino e Zeno.

> Porque os meus pensamentos não são os vossos pensamentos, nem os vossos caminhos os meus caminhos, diz o Senhor. Porque assim como os céus são mais altos do que a terra, assim são os meus caminhos mais altos do que os vossos caminhos, e os meus pensamentos mais altos do que os vossos pensamentos. (Isaías 55:8,9)

Ele iniciou o estudo bíblico em 1965, mas sem a decisão de batismo. Eu continuei trabalhando numa empresa de ônibus em Maringá e 3 anos após nossa separação, eu iniciei o estudo bíblico também e me batizei na Igreja Adventista do Sétimo Dia, no dia 03 de agosto de 1969. O curioso é que aceitei a Cristo como meu Salvador antes da decisão do meu irmão, entendendo que ele foi um canal de benção na minha vida. Ele se batizou alguns anos mais tarde.

A partir da minha decisão, abracei a causa do Evangelho. Passei a buscar a Cristo todos os dias e me tornei um exímio estudioso da Bíblia, levando o Evangelho a muitas pessoas, dando estudos bíblicos para milhares de vidas, levando-as aos pés de Jesus. Aproximadamente 500 pessoas decidiram pelo batismo através do meu trabalho missionário. Amo demais o que faço até o dia de hoje. Me especializei em conhecer detalhes do livro de Daniel e Apocalipse e, hoje, dou aulas sobre profecias nas igrejas e até mesmo no salão nobre da prefeitura de Maringá, liberado por ofício do prefeito. Sou grato por isso, Deus me tirou na hora certa, caso contrário, na carreira como artista profissional, poderia não haver mais tempo para Deus. Sei que como artista teria muita prosperidade financeira e seria rápido, mas com a decisão de findar a dupla e ter aceitado o Evangelho, passei por algumas provações. Me casei 3 anos após o meu batismo, iniciamos nossa vida juntos de maneira bem escassa, morando no mesmo quintal dos meus pais. Passei a ser CLT, trabalhando em algumas empresas privadas.

Em 1973, chegou nossa primeira filha, a Waldéris. Ainda com muita dificuldade financeira, permanecíamos morando no quintal com meus pais. Construímos duas casas em outro bairro de Maringá. Meus pais moravam na casa da frente e eu fiquei com a casa dos fundos. Ali nasceram a Mércia, em 1976, e o Júnior, em 1982. Nesse período, trabalhei como obreiro bíblico, contratado pela igreja onde eu era membro. Eu e minha esposa trabalhávamos fora e os filhos ficavam aos cuidados dos avós e da minha irmã Inêz. Ao deixar o trabalho de obreiro bíblico, passei alguns meses desempregado.

Nesse momento em que eu não me encontrava profissionalmente, tive o total apoio da minha esposa, que trabalhava como professora e sustentou a casa e os filhos nos estudos, sendo grande parceira e incentivadora. Até que, no ano de 1982, fui convidado pelo prefeito daquele período (o saudoso Dr. Said Felício Ferreiro, um amigo e médico da família), para trabalhar na Prefeitura Municipal de Maringá, como auxiliar administrativo.

Sempre tive sonhos e ousadia e sabia que Deus tinha algo melhor para mim. Mesmo sem título escolar, porque havia interrompido meus estudos no 4º ano primário para trabalhar na roça com meu pai, da mesma forma que era um estudioso da Bíblia, também estudava muito história, geografia e era um militante político. Acompanhava sistematicamente a política atual da cidade e do país. Estava envolvido sempre com a política da minha cidade e, em 1988, fui convidado pelo então prefeito e amigo, Dr. Said, para que eu disputasse uma cadeira no poder legislativo como vereador.

Imediatamente aceitei o convite, disputei as eleições e fui eleito na primeira disputa, assumindo o mandato como vereador em janeiro de 1989 até janeiro de 1992. Nesse período, resgatei com honestidade minha vida financeira, onde construí uma casa num terreno sozinho, que era um grande objetivo: dar liberdade e uma condição melhor de vida para a minha família. Pude comprar um piano para a minha filha Mércia, que já estudava há 7 anos, e não tinha o instrumento para treinar em casa. A partir daí, ela deu início aos trabalhos como professora de música, atendendo em casa, se posicionando profissionalmente, até que em 1998, abriu a sua escola de música, onde atuou durante 28 anos. Formada em Administração, hoje tem uma empresa de desenvolvimento pessoal e profissional, onde sou parceiro como instrutor bíblico.

Tenho alegria de ter oferecido aos 3 filhos uma melhor condição nos estudos, onde todos se posicionaram como excelentes profissionais.

Minha filha mais velha, a Wal, tem licenciatura em Pedagogia pela Universidade Estadual de Maringá, é funcionária pública do estado desde 1998 e atua como técnica administrativa na UEM. Meu filho mais novo, Eduardo Júnior, obteve uma graduação *First Class Honours* (melhor desempenho) *Bachelor of Science in Digital Media Production* na Oxford Brookes University em Oxford, Oxfordshire na Inglaterra. Hoje, trabalha para uma agência em Londres, em divulgação de *trailers* de filmes e séries da Amazon Prime, Netflix, Disney Plus, SKY, entre outros.

Percebi que, no contexto político, eu não negociaria meus princípios e valores, com base na vida fiel dos três jovens hebreus, que não dobraram os seus joelhos diante da imagem feita pelo Rei Nabucodonosor, no campo de Dura, província de Babilônia. Antes, aceitaram ser lançados na fornalha de fogo ardente (leia Daniel capítulo 3). Assim, saí da política com apenas um mandato, retornando à função de funcionário público municipal. Voltei a estudar e concluí o Ensino Médio aos 62 anos, quando requeri minha aposentadoria. Na sequência, para continuar exercendo uma atividade profissional, me tornei corretor de imóveis, onde atuo até a data de hoje.

Me mantenho ativo, mesmo aos 84 anos, cuidando da mente, corpo e espírito. Participei de 3 corridas de 10 km na minha cidade, vencendo na minha categoria e em outras cidades vizinhas. Sempre incentivado pela minha filha mais velha, Wal, que é maratonista e me acompanha nessas atividades. Tenho 27 medalhas e 6 troféus. Em janeiro de 2024, corri 5 km na cidade de Apucarana/PR, aos 84 anos, e continuo mantendo a disposição aguardando as próximas corridas. Quem quer faz!

Em parceria com a minha filha Mércia, retornei como instrutor bíblico na empresa dela e do meu genro. Continuo deixando o meu legado. Eles estão se aprofundando nos estudos da Bíblia e estamos vivendo esse propósito juntos. Tem sido maravilhoso compartilhar meu conhecimento e voltar às atividades, ministrando estudos bíblicos com mais conhecimento e experiência. Entendemos que quando vivemos o propósito, as bênçãos vêm em abundância e através do crescimento profissional deles, tivemos a oportunidade de visitarmos o Egito e a Terra Santa (Israel). Era um sonho meu poder contemplar lugares que eu conhecia só através dos meus estudos e imagens, me parecia impossível realizar. Minhas experiências bíblicas se aprofundaram através desse presente.

Honro minha história e sei que, através deste livro, serei um grande incentivador aos leitores, mostrando que a idade é só um número. Todos os dias decido ser 1% melhor, estudando, pesquisando e me aperfeiçoando na palavra de Deus e continuo com o mesmo desejo de impactar vidas e levar a mensagem do Evangelho através do meu conhecimento. Eclesiastes capítulo 12, versos 9 a 14, diz:

> E, quanto mais sábio foi o pregador, tanto mais ensinou ao povo sabedoria; e atentando, e esquadrinhando, compôs muitos provérbios.
>
> Procurou o pregador achar palavras agradáveis; e escreveu-as com retidão, palavras de verdade.
>
> As palavras dos sábios são como aguilhões, e como pregos, bem fixados pelos mestres das assembleias, que nos foram dadas pelo único Pastor. E, demais disto, filho meu, atenta: não há limite para fazer livros, e o muito estudar é enfado da carne.
>
> De tudo o que se tem ouvido, o fim é: Teme a Deus, e guarda os seus mandamentos; porque isto é o dever de todo o homem.
>
> Porque Deus há de trazer a juízo toda a obra, e até tudo o que está encoberto, quer seja bom, quer seja mau.

Sigo como servo fiel, vivendo o meu propósito na Terra, até que Jesus volte. Meu desejo é que, através dessa leitura, você tenha um despertar e entenda que o tempo de mudança é hoje, independentemente da idade que você tenha.

“Deus pode juntar
o seu coração
quebrado quando
você devolver a Ele
todos os pedaços.”

Eduardo Aceti

FRANCIELLE GONÇALVES

Sou Francielle Carolina Gonçalves, natural de Maringá/PR, atualmente resido na mesma cidade com minha família: meu esposo, Lucas Aliano Alves, com quem sou casada há 10 anos, e meu filho Luigi Aliano, de 2 anos.

Possuo formação em Design de Moda e especialização em Pesquisa de Tendências, pelo Instituto Marangoni de Milão, além de formação em Consultoria de Imagem.

Atualmente me dedico ao meu lar e também sou mentora de posicionamento de imagem, auxiliando mulheres a redescobrirem sua beleza após a maternidade e a transmitirem uma imagem confiante diante de transição de carreira. Ao longo da minha trajetória, enfrentei diversos desafios e busco inspirar outras mulheres a terem amor-próprio.

francielle.goncalves

Francielle Gonçalves

fcggoncalves@hotmail.com

RESILIÊNCIA E O MILAGRE DA MATERNIDADE

11

Por Francielle Gonçalves

O sonho de construir minha empresa, enquanto engravidava aos 30 anos, estava vivo em meu coração. Porém, os planos que tracei foram redefinidos por uma série de eventos que desencadearam uma jornada de autoconhecimento e superação.

No início do ano de 2020, enfrentei um revés em minha carreira como estilista sênior, devido aos cortes na empresa em que trabalhava, agravados pela pandemia. Tentei uma transição de carreira para a consultoria de imagem *online*, o que não trouxe os resultados esperados, levando-me a empreender com uma marca de camisetas, com propósito de doar parte dos lucros para uma instituição que trabalha com apoio de saúde interdisciplinar a crianças e adolescentes vítimas de violência sexual. Eu e minha amiga iniciamos animadas, porém, existiam muitos desafios para a venda das camisetas. Realizamos eventos de palestra de conscientização sobre abuso sexual infantil e muitas outras ações, mas ainda sobrou estoque e nos vimos na obrigação de retribuir o combinado com a instituição. Me ofereci como voluntária e, em paralelo, abri uma marca de acessórios femininos com minhas irmãs. Tudo isso acabou levando-me a uma sobrecarga emocional e profissional.

O desafio de conciliar múltiplos empreendimentos culminou em um período de intensa turbulência emocional e física. Me vi muito sobrecarregada e perdida; foi então que conheci o Grupo Excelência e, a cada encontro, fui percebendo que tudo o que eu estava passando, na verdade, era para conseguir uma aprovação dos outros através do que eu estava fazendo. Percebi que não precisava fazer nada para ser aceita e sim apenas ser eu mesma. E em muitas situações que eu via conflitos, era pela minha falta de posicionamento e clareza das minhas expectativas. Em meio a esse processo, finalizei a marca das camisetas e fiquei trabalhando na instituição, na área de comunicação e captação de recursos. Em paralelo, continuei com a loja de acessórios *online*.

Quando estávamos na última semana dos nossos encontros no Grupo Excelência, percebi algo diferente comigo: fui diagnosticada com uma gestação ectópica, meu bebê estava sendo gerado nas trompas. Fui internada às pressas para um procedimento cirúrgico, um corte abdominal como uma cesárea, mas sem o nascimento de um bebê. Foi retirada minha trompa do lado direito, juntamente com o embrião. Após o procedimento, os médicos me disseram que se eu tinha 100% de chance de engravidar, agora teria 50%, pois somente o lado esquerdo estava produzindo óvulos. Isso deixou cicatrizes não apenas em meu corpo, mas também em minha alma. Naquela época, fazia parte do grupo do *whatsapp* Excelência e recebia palavras de encorajamento todos os dias, que me ajudaram a passar por esse processo. Após momentos de luto e incerteza, encontrei conforto e força em minha fé e no apoio da minha família.

Após alguns meses, na expectativa de engravidar, tínhamos planejado uma viagem com a família e visitamos uma igreja, onde a pregação dizia algo sobre novos planos, novas perspectivas. Foi então que, no apelo da oração final, eu coloquei minhas mãos sobre meu ventre e declarei vida. Minha oração foi convicta do poder da ação de Deus. Os dias se passaram e, em uma noite, fui acordada de madrugada, em que uma voz me disse: "Seu ventre é fértil", eu fiquei sem entender. Após mais uns dias, senti alguns sintomas, mas, como já estava cansada de criar expectativas, não investiguei. Somente quando voltei para minha cidade, fiz o teste e lá estava a prova do milagre e cuidado de Deus: eu estava grávida.

A descoberta da gravidez trouxe uma mistura de alegria e medo, marcando o início de uma nova fase repleta de expectativas e desafios. A jornada para trazer meu filho ao mundo foi repleta de reviravoltas emocionais, culminando em um parto prematuro, cheio de surpresas e bênçãos divinas. Em oração, pedi muito pelo dia da chegada do Luigi. Mas Deus me surpreendeu em cada detalhe, estudei sobre parto normal, me inspirei em mulheres fortes, que me passaram segurança! Quando a bolsa estourou, eu estava com 35 semanas (8 meses), minha mente ainda não associava, pois ainda não estava na hora. Mas, de uma coisa tinha certeza: Deus estava no controle e eu tinha que confiar no processo.

O parto evoluiu após chegarmos à maternidade, tentei me manter calma e presente no momento, foi um processo de controle emocional e conexão com meu corpo, uma experiência surreal! Coloquei em minha mente que o parto normal deveria ser o melhor para a saúde do Luigi. Nas horas das dores, repetia em minha mente: "Estou segura e meu filho é saudável". Na sala de parto, o médico deixou colocar uma *playlist* e tocou a música "Eu te vejo em tudo, na formação das nuvens tem você". Naquele momento, senti a presença de Deus e uma voz afirmando as promessas sobre a vida do meu filho. Ele nasceu, consegui abraçá-lo, porém ele já foi levado para ser entubado na UTI neonatal, pois tinha dificuldade respiratória. Não me lembro quem me passou a notícia, a única coisa que me lembro é de ver meu bebê ali tão perto e tão longe, não pude pegá-lo no colo, somente acariciar seus pequenos dedos através da janela lateral da incubadora.

Chegou o dia em que recebi alta e meu bebê ficou no hospital. Numa mão, a mala dele cheia de roupas e na outra, uma pasta cheia de documentos; me sentei no carro com um vazio enorme no meu coração. Meu marido me perguntou se eu estava bem, eu desabei e chorei. Foram dias que, mesmo orando e sabendo que Deus me via naquele lugar, ainda assim, me sentia só.

Me vi diante de um desafio: cuidar do meu bebê na UTI, passando por cima do que eu estava sentindo naqueles dias. Em meio a tantas preocupações: "Passe álcool, se esterilize, coloque um avental e touca", diziam eles. "Não chore, não aparente estar triste, ele pode sentir e piorar". Sua mãozinha tão pequena, ali, sem poder segurar a minha. Chegou o dia que o vi sem os respiradores, a médica disse que eu podia pegá-lo no colo. Quis muito chorar de alegria! O que cabia em mim naquele dia era alegria, esperança e fé. Naqueles dias, eu provei do que o diz na Bíblia: "Pois, no dia da adversidade, ele me guardará protegido na sua habitação; no abrigo da sua tenda me esconderá e me porá em segurança sobre um rochedo." (Salmos 27:5).

Ao passar dos dias, a rotina de ir amamentar me levou a conhecer outras mães, suas histórias me impactaram, por estarem passando por circunstâncias ainda mais difíceis. Senti que não estava só, decidi olhar com outros olhos para aquele momento e aprendi muito com ele. Todos os momentos que passamos e que pensamos serem ruins, são carregados de ensinamentos.

Finalmente chegou o dia que ele recebeu alta da UTI. Foi uma mistura de sentimentos, pois ali foram nossos primeiros dias juntos. Nesse período, ele ainda usou a sonda para se alimentar por mais alguns dias e eu tirava meu leite e dava pela seringa. Então, o médico sugeriu que eu já iniciasse o processo para ele mamar direto no peito. Mas, em uma tarde, eu estava sozinha no quarto e fui tentar amamentá-lo, ele se engasgou, eu não consegui sair com ele do quarto porque ele estava com acesso do soro e rapidamente tive que fazer uma manobra de desengasgar. Quando as enfermeiras chegaram, ele já estava voltando a si. Além disso, após três dias passados com ele sozinha no quarto, chegou mais uma mãe e seu bebê, que já estavam há mais de 30 dias no hospital. Ao olhar para ela, eu senti um medo terrível de que meu filho pegasse alguma doença. Me deu um ataque de pânico, fui para o banheiro e lá lembrei das palavras de encorajamento que aprendi com o Grupo Excelência e declarei: "Alegria! Alegria! Vitória! Vitória!" e também declarei: "Meu filho é saudável e vamos sair daqui juntos!". Graças às técnicas de declaração e controle emocional, enfrentei esse desafio com coragem e serenidade.

Após todas as circunstâncias que passei, decidi encerrar minhas atividades profissionais para me dedicar integralmente à minha família. Compreendendo que o verdadeiro valor está nas relações e nas experiências compartilhadas com as pessoas que estão ao meu redor. Vejo meu propósito em minha família, no cuidado do meu lar, no apoio ao meu esposo e na criação do meu filho.

Iniciei o projeto de mentoria de posicionamento de imagem para mães em transição de carreira. Vejo nos acompanhamentos que faço, o quanto a maternidade transforma as mulheres e suas perspectivas de carreira profissional. Muitas que atendi decidiram dar uma pausa em suas atividades profissionais, entendendo o valor da posição da mulher no lar. Tem sido muito gratificante guiá-las a se redescobrirem após a maternidade e se amarem em sua nova versão, exaltando sua beleza natural e transmitindo confiança nos ambientes profissionais que desejam entrar, tendo Deus como o guia, para juntas encontrarmos nossa verdadeira identidade nEle. Gosto de lembrá-las o quão preciosas são e que antes de serem esposas e mães, Deus as projetou, como está escrito em Salmos 139:13-16:

> Pois tu formaste o meu interior, tu me teceste no ventre de minha mãe. Graças te dou, visto que de modo assombrosamente maravilhoso me formaste; as tuas obras são admiráveis, e a minha alma o sabe muito bem. Os meus ossos não te foram encobertos, quando no oculto fui formado e entretecido como

> nas profundezas da terra. Os teus olhos viram a minha substância ainda informe, e no teu livro foram escritos todos os meus dias, cada um deles escrito e determinado, quando nem um deles ainda existia.

Através da perseverança e do apoio daqueles ao meu redor, pude superar cada obstáculo e testemunhei o milagre da vida. O cuidado de Deus e a força interior que descobri em mim mesma me capacitaram a enfrentar os momentos mais difíceis, com coragem e determinação. Hoje, olho para trás com gratidão, reconhecendo que cada desafio foi uma oportunidade de crescimento e aprendizado.

Que minha história possa servir de inspiração para aqueles que enfrentam suas próprias batalhas. Que possamos encontrar força na vulnerabilidade, fé na adversidade e gratidão em cada experiência, pois é nas tempestades da vida que descobrimos nossa verdadeira coragem e resiliência.

★ ★ ★ ★ ★

“É nas tempestades
da vida que
descobrimos nossa
verdadeira coragem e
resiliência.”

Francielle Gonçalves

GLAUSSIA E TIAGO SILVA

Somos um casal. Eu sou a Glaussia e meu esposo, Tiago. Eu sou natural de São Paulo/SP e ele, de Maringá/PR. Residimos em Maringá com a nossa filha amada, Carolina, que tem hoje 11 anos.

Somos empresários no ramo imobiliário. Tenho formação em Pedagogia e Gestão Escolar e diversos cursos na área de gestão; meu esposo é formado em Administração, com ênfase em Marketing, e muitos cursos na área de processo e gestão de pessoas.

Atuamos juntos nas decisões estratégicas e dividimos algumas funções em nossa empresa. Nosso propósito é crescer e ajudar pessoas. Vemos nossa empresa como uma ferramenta poderosa para desenvolvermos talentos, prestarmos serviço de qualidade e, como resultado, levar a Palavra Deus e ajudar a financiar o Evangelho pelo mundo.

imobiliariaherval

OS BASTIDORES DO NOSSO MUNDO EMPRESARIAL

12

Por Glaussia e Tiago Silva

O começo da jornada

O início da nossa jornada foi em 2020, com a compra do curso *online* do Método CIS, do Paulo Vieira, que realizamos em casa, em plena pandemia.

Foram três dias que passamos fechados em nosso apartamento, vivendo as transformações e fazendo as ferramentas do curso. A partir daquele momento, tomamos algumas decisões importantes, juntos, para a nossa vida profissional e pessoal. Aprendemos muito sobre autorresponsabilidade e como as historinhas que contamos a nós mesmos podem nos destruir.

No fim daquele ano, um sentimento misto nos invadiu. Estávamos felizes pela empresa, porém sentíamos que estava faltando algo, não estávamos sentindo satisfação e nossa visão de futuro não estava clara. Dessa forma, sentimos a necessidade de um aprofundamento no conhecimento na área emocional.

Comecei a seguir a Febracis de Maringá e todos os *coaches* ligados a essa instituição. Começamos a entender um pouco melhor o que o *coaching* faz e como as ferramentas poderiam nos ajudar. Comecei a ver o perfil de cada *coach* e, para nós, seria imprescindível uma pessoa que tivesse valores cristãos como os nossos.

Dentre muitos que comecei a acompanhar, a Mércia Menezes foi uma das que mais me chamou a atenção, por ter seu pilar espiritual muito forte em suas redes sociais. Foi aí então que decidi marcar uma reunião presencial para conhecê-la melhor e levei o Tiago junto comigo. Ela nos explicou como funcionava o processo de *coaching* e como isso nos ajudaria em nossa caminhada pessoal e profissional. Naquele dia, ela nos presenteou com uma análise de perfil comportamental e marcou o dia da devolutiva.

1. O começo: a análise de perfil comportamental

Fomos sem grandes expectativas para essa sessão de devolutiva da análise de perfil comportamental, pois acreditávamos que nada tão surpreendente poderia nos ser revelado.

O primeiro a receber a devolutiva foi o Tiago que, ao chegar na nossa empresa, já estava com a certeza que a ferramenta funcionava e ficou maravilhado como ela revelava sobre ele e explicava muitas coisas que tínhamos dúvidas. O perfil dele é Influente puro, ou seja, ele não tem outro perfil combinado. Ele começou a explicar as características do seu perfil para mim e juntos, na mesa de reunião da nossa empresa, começamos a entender muito do porquê do seu sofrimento. Ele tem um perfil carismático, otimista, voltado para pessoas, mas estava numa fase em que tínhamos nos afastado de todos os amigos e vivendo muito intensamente para o trabalho, sem espaço para lazer. Ali, comecei a entender e sentir a sua dor.

Depois foi marcada a minha devolutiva e, realmente, foi um dos maiores marcos na nossa jornada de autoconhecimento. Quando cheguei na sala, ela me disse que meu perfil era raro, ou seja, dois opostos. Começou a explicar as características do meu perfil e muita coisa começou a fazer sentido. Uma das minhas indagações era que, realmente, tinha dias que eu parecia ser ou agir de uma forma, e em outros dias, eu parecia ser ou agir de outra forma diferente. Eu até estava pensando que tinha um pouco de bipolaridade, por conta dessa característica.

Meu perfil é Estável-Dominante e tudo que ela ia me falando sobre as características dos dois perfis casava perfeitamente comigo. Naquele momento, foi a primeira questão a ser superada em mim: a aceitação. Aceitar quem somos é o primeiro passo para nos amar e gerar as mudanças necessárias em nós mesmos.

Comecei a questionar sobre como podem existir dois perfis tão diferentes dentro de uma mesma pessoa, achava que aquilo não era normal. E, com muita sabedoria, ela me mostrou o quão poderoso esse perfil pode ser, se alinhado à inteligência emocional. Em seguida, ela me explicou rapidamente o perfil do Tiago, pois já havia feito a devolutiva com ele, e como as coisas começaram a fazer ainda mais sentido para ambos. Muitos dos nossos questionamentos já foram explicados com essa ferramenta.

Nesse momento, decidimos, de fato, iniciar mais uma parte da jornada no autoconhecimento e iniciamos o processo de *coaching* individual com a Mércia.

2. Os sabotadores da nossa melhor versão

Tínhamos acabado de passar por uma fase financeira muito desafiadora juntos, em nossa empresa, devido à ruptura de uma sociedade. Mas quando iniciamos o processo de *coaching*, a questão financeira já estava normalizada, porém, dentro de nós, havia muitas questões a serem resolvidas, que estavam tirando a nossa alegria naquele momento. O pilar espiritual, ou seja, conhecer e confiar em Deus, sempre foi fundamental e constante em nossa história, aliás, sem Ele já teríamos desistido há muito tempo.

Chegamos ao final daquele ano de 2020 com muitas coisas resolvidas sobre os problemas que passamos no pilar profissional; focamos na empresa e ela cresceu, gerou resultados. Mas, quando começamos a olhar para nós como seres humanos, algo estava faltando, tínhamos muitas coisas internas que precisavam ser resolvidas e voltarmos a olhar para os outros pilares da vida, era urgente naquele momento e sozinhos não conseguíamos ver o que precisava ser ajustado.

Eu estava fazendo tratamento para o sono e o médico já tinha prescrito remédios. Sentia um sono inexplicável que, muitas vezes, atrapalhava minha rotina no dia a dia. O Tiago estava sem o seu otimismo de sempre, se sentindo perdido para tomar algumas decisões, por não ter clareza do que precisa ser ajustado e mudado.

O processo de *coaching* (parte 1)

Iniciamos o processo. Fazer as atividades diárias, as leituras dos livros indicados e as perguntas certas, sem dúvida, têm muito poder de nos trazer consciência e clareza de onde estamos (ponto de partida) e aonde queremos chegar.

Focamos juntos em um pilar da nossa vida por um certo tempo e as consequências começaram a chegar. Ninguém é feliz apenas com um pilar da vida dando certo. Nós somos seres sistêmicos, que fomos criados para sermos felizes em todas as áreas. No processo, fomos identificando as áreas que precisavam de nossa atenção e cuidado. Nossas crenças e sabotadores começaram a aparecer e a sequência de livros, vídeos, cursos e tarefas nos ajudou a trabalhar cada uma dessas áreas. Dessa forma, começamos a identificar os nossos sabotadores e crenças limitantes que estavam impedindo a gratidão e alegria plena em nossas vidas.

O processo de *coaching* (parte 2)

Hoje, escrevendo este livro, em 2024, podemos perceber o quanto já evoluímos e que a jornada de autoconhecimento é longa, porém, vale cada passo a ser vivido. Já não somos mais os mesmos de 2021, com certeza estamos evoluindo e não seremos os mesmo que somos agora, pois o melhor ainda está por vir!

Após o processo de *coaching* individual, fizemos os cursos "O poder da excelência" parte 1 e 2, e "A caminhada da felicidade", cursos esses que nos fizeram ver, na prática, o poder do ecossistema, de andarmos juntos na mesma direção. Participamos de dois Métodos CIS presenciais em São Paulo, fizemos o curso *Bussines Evolution*, *Business High Performance* (BHP). O Tiago acabou de fazer a Formação Profissional *Business Coaching* (ML5) e eu fiz a formação de Gestão Comportamental para Empresas – CIS Assessment, que me tornou analista de perfil comportamental. O próximo será a Formação Internacional em Coaching Integral Sistêmico (FCIS). Recentemente, adiquirimos o *Intercoaching Business* (que será realizado em Orlando, nos Estados Unidos), o Curso de Inteligência Financeira e a Formação *Master Coaching*, que ainda serão realizados, ou seja, estamos ainda no processo de evolução constante.

Os ganhos

Essa parte sempre nos marcou muito em todo o processo. No início, era muito difícil enxergarmos os ganhos, mesmo com muita coisa boa acontecendo ao nosso redor. É incrível como somos capazes de ignorar o que é bom e nos concentrarmos naquilo que nos falta. Esse, com certeza, é um dos maiores sabotadores da nossa alegria.

Enxergar os ganhos, sermos gratos por aquilo que parece tão simples, mas que Deus, em sua infinita bondade, nos proporciona diariamente. Começar a enxergar e praticar gratidão foi um dos maiores diferenciais para nós. Ninguém é capaz de ser feliz e obter coisas maiores se primeiro não for grato com aquilo que Deus já colocou em suas mãos. Como diz em 1 Tessalonicenses 5:17,18: "Sejam agradecidos a Deus em todas as ocasiões. Isso é o que Deus quer de vocês, por estarem unidos com Cristo Jesus". Outro versículo que nos marcou muito, fica em Romanos 8:28: "Sabemos que Deus age em todas as coisas para o bem daqueles que o amam, dos que foram chamados de acordo com o seu propósito".

Esses quatro anos foram muito intensos, repletos de transformação e muitos ganhos, inclusive, parei com os remédios para o sono e nosso nível de gratidão aumentou muito, tivemos diversos ganhos, em vários pilares.

Convidamos a você, que está lendo este livro, a abrir seu coração primeiramente para Cristo, Ele é o único que pode entrar verdadeiramente em seu coração e te transformar! Deus usa pessoas e ferramentas para te ajudar a viver uma vida plena e feliz, pois essa é a vontade dEle para você!

Ele não te fez acidentalmente e nem por acaso. Ele te fez com um propósito específico, para cumprir o plano dEle. Não se distraia! Não desperdice o seu tempo de forma inútil. Ele tem grandes plano para você. Busque em Deus suas respostas e abra seu coração para que pessoas direcionadas por Ele possam contribuir na sua vida, para que assim você também possa ser canal de bênçãos e luz para muitos aqui na Terra.

★ ★ ★ ★ ★

"Conhecer a si mesmo é o caminho para transformar potencial em potência."

Glaussia e Tiago Silva

IVANDETE PEREIRA RODRIGUES

Me chamo Ivandete Pereira Rodrigues, nascida em 23/04/1970, na cidade de Rondon/PR. Atualmente, tenho 54 anos, me criei em Paranavaí/PR, morando por lá até o ano de 1989. Divorciada, após um casamento que durou 20 anos, do qual nasceram minhas duas filhas, Ana Carolina e Ana Gabriela.

Trabalho como empregada doméstica desde 13 anos. Atualmente, abri minha própria empresa, prestando serviços de *coffee break*, a "Delícias da Vanda", empresa que tenho muito orgulho e venho buscando crescer cada vez mais.

Tenho como objetivo principal ser luz na vida das pessoas, podendo ajudá-las a descobrirem o seu real potencial, mostrando através da minha história que todas são capazes de terem a vida transformada.

vandaroopereira

deliciasdavanda_oficial

JORNADA DE EXCELÊNCIA

13

Por Ivandete Pereira Rodrigues

Foi em julho de 2022 que tive meu primeiro contato com o processo de inteligência emocional. A convite de uma grande amiga, Márcia Benatti, fomos participar de um evento da loja em que ela prestava consultoria de imagem, a qual a proprietária preparou um maravilhoso coquetel de inauguração.

Confesso ter ficado um pouco constrangida com o convite, pois era um evento em que jamais me vi participando, por motivo de haver pessoas ali presentes que eram de uma classe social totalmente diferente da minha. Devido às crenças de não merecimento, me peguei pensando: "como posso frequentar um local como este? Não sei como me vestir, nem como me portar em ambientes assim!", já que me via apenas como uma simples empregada doméstica que estaria rodeada de pessoas bem-sucedidas e influentes.

Minha vida estava em um momento um tanto quanto conturbado. Minha filha, Ana Gabriela, estava passando por uma fase difícil, com início de depressão, diagnosticada com gastrite nervosa, havia trancado recentemente a faculdade de Psicologia. Mas, apesar das circunstâncias, tomei coragem, comecei a me arrumar e fui. Chegando lá, tive uma grande surpresa, pois fui recebida por uma linda mulher, com um maravilhoso sorriso estampado em seu rosto. Mal sabia eu que esta pessoa, Mércia Menezes, viria a se tornar minha *master coach*, me apresentando ferramentas que mudariam totalmente a direção da minha vida. Após esta recepção, comecei a me envolver com as pessoas presentes, percebendo que ali tinham mulheres que haviam passado pelo processo com a

Mércia. Naquele momento, já não me sentia mais desconfortável, pois fui me sentindo acolhida pelas pessoas e isso me fez sentir bem e muito mais à vontade.

Logo em seguida, a Márcia, percebendo minha necessidade de me autoconhecer, resolveu me colocar em contato com a Mércia, eu ainda não a conhecia pessoalmente, mas já acompanhava seu trabalho através das redes sociais. Conversamos bastante e aproveitei para ir conhecendo um pouco mais sobre seu trabalho, tirando algumas dúvidas a respeito da metodologia que ela utilizava. Logo ela me convidou para participar de um treinamento em grupo, chamado de "O poder da excelência".

Eu logo de cara disse que não, pois no momento não tinha condições financeiras de adquirir o treinamento. Mesmo assim, ela insistiu e novamente a minha crença de não merecimento e incapacidade veio à tona. Me peguei várias vezes chorando, vendo os vídeos publicados por ela. Desejava muito viver o processo que aquelas pessoas estavam passando e tendo reais mudanças, tanto na vida pessoal quanto na área profissional.

Dias depois, minha amiga Márcia me enviou uma mensagem que dizia o seguinte: "Estarei às 19 h te esperando no prédio da Febracis, para a palestra da Mércia. Até já.". Isso faltando, aproximadamente, 1 hora para iniciar. Essas palavras me impactaram de tal maneira que me arrumei o mais rápido possível e aproveitei a oportunidade para conhecer ainda mais sobre o treinamento e a metodologia. Durante a palestra, as fichas foram caindo, percebi que não me reconhecia e que vinha levando uma vida totalmente disfuncional. Em um certo momento da palestra, fomos direcionados a escrevermos 10 características positivas pessoais, atividade esta que fui capaz de escreve apenas duas: "Eu sou linda" e "Eu sou guerreira", tendo a convicção de que realmente eu não me conhecia como deveria. Ainda assim, "Eu sou guerreira" não era considerada uma característica positiva, já que retratava uma pessoa que vivia batalhando, dia após dia. Então, me sugeriram trocá-la por "Eu sou vitoriosa". A palestra foi de grande impacto emocional para mim, saí de lá decidida a viver o processo e a me inscrever no curso que iniciaria logo na sequência.

Dentro do curso, tive a real certeza de que vinha levando uma vida totalmente disfuncional, que não tinha metas nem objetivo definidos e, também, não me permitia sonhar algo grande para meu futuro, pois até o momento nada vinha dando certo na minha vida. Houve situações em que pensei em tirar a própria vida, decisão que acabei não tomando por ainda ter minhas duas filhas pequenas, que dependiam do meu apoio de mãe.

Fui me descobrindo no decorrer do curso. A vida que eu vinha levando era exclusivamente definida devido às minhas crenças, que me impossibilitavam de almejar algo melhor. Crenças essas que foram implantadas na minha infância, já que, desde cedo, ouvia meu pai falando que por ser mulher, eu deveria ficar em casa, ajudando minha mãe com os afazeres diários, me pedindo para abandonar os estudos e dedicar tempo aprendendo as tarefas da casa. Confesso que fiquei feliz, pois na época não estava motivada a estudar. Mas, como toda decisão tem consequências, ao longo da vida fui percebendo a falta que os estudos estavam me fazendo, me levando a trabalhar com a única coisa que havia aprendido, que era como empregada doméstica.

Eu me orgulho muito do meu irmão, João Batista, pois ele foi capaz de conciliar o trabalho na roça com os estudos. Foi o único, dos 13 irmãos, a ter cursado o ensino superior. Essa dedicação lhe rendeu frutos, pois ele entrou em uma grande empresa e hoje é um empresário de sucesso; já meu irmão Jonas, me incentivava a retornar com os estudos, para que eu pudesse ter uma qualidade de vida melhor. Até retornei, só que abandonei novamente, pois tinha na minha cabeça que o trabalho que exercia de empregada doméstica não necessitaria disso, fortalecendo ainda mais a minha crença de não merecimento, passando a maior parte da minha vida vivendo na zona de conforto.

No decorrer do curso, percebi que poderia mudar minha realidade definitivamente, através das ferramentas que vinha desenvolvendo no dia a dia, que despertaram em mim o desejo de crescimento. Como trabalhei a vida inteira de empregada doméstica, não me sentia capaz de tentar outra profissão. Esse pensamento mudou, pois agora conseguia ver em mim potencial para ser alguém melhor, com disposição para enfrentar novos desafios.

Resolvi iniciar minha transição de carreira. Decidi abrir minha própria empresa, a "Delícias da Vanda". Sonhei em viver algo extraordinário, escrever um novo capítulo na minha história. Nesta empresa, preparo *coffee breaks* servindo bolos, salgados etc. Logo recebi o primeiro convite para desenvolver meu trabalho, a Mércia disponibilizou o espaço do Grupo Excellence, empresa que é proprietária.

Fiquei muito surpresa e agradeci por estar recebendo esta oportunidade de realizar um sonho, comecei a servir os *coffees* para os treinamentos que ali eram realizados, além de atender algumas outras empresas que conheceram meu trabalho através do grupo. Venho me empenhando para futuramente deixar a vida de empregada doméstica e passar a dedicar-me integralmente à minha empresa, a qual tenho imenso amor por estar fazendo algo que realmente gosto.

Percebi então que meu propósito havia me encontrado e através dele me senti, finalmente, uma pessoa disposta a crescer profissionalmente, com sonhos a serem conquistados e metas a serem atingidas, podendo assim dar uma nova condição de vida tanto para mim quanto para minha família. Está sendo um desafio constante, minha rotina de empregada doméstica se inicia às 8h da manhã e se encerra às 17h. À noite, dedico tempo para preparar os bolos, salgados e acompanhamentos que disponibilizo no meu cardápio para os eventos agendados.

Estou me sentindo realizada e muito feliz por causa da transformação que venho passando, pois através de minhas mudanças, tenho influenciado a minha filha Ana Carolina a desenvolver o autoconhecimento. No início, ela odiava me ouvir falar das coisas que eu estava aprendendo no curso, quando eu tocava em qualquer assunto que se referia a *coach*, ela até saía de perto. Criamos um plano de ação, onde colocamos que ela era capaz de reescrever sua história. Logo ela fez o processo individual com a Mércia, em seguida fez "O poder da excelência", em grupo, parte 1. Dando sequência, fez também a parte 2. Vendo que era capaz de ir além, ela resolveu ingressar no curso do IDEC, treinamento que a credencia a fazer análise de perfil comportamental, já colocando em prática todo conhecimento e fazendo análises dos colegas de trabalho.

Vendo essa mudança na vida dela e o quanto estava empenhada em adquirir conhecimento, tudo através da minha mudança, pensei: "Por que não compartilhar minha história, para que outras pessoas possam ser influenciadas a tomarem a mesma decisão que minha filha tomou?". Por isso, optei em fazer parte deste livro, para mostrar qual é a importância de ter passado por este processo e que, através dele, pude adquirir o conhecimento certo. No meu caso, foi através do treinamento de inteligência emocional, onde aprendi ferramentas maravilhosas, as quais faço uso diariamente. Elas me ajudam a viver uma vida com constância, procurando aprender cada vez mais. E o mais importante: vivendo em um ecossistema onde existem pessoas visando sempre algo melhor, com objetivos e metas definidos. Todo este aprendizado tem mudado por completo minha maneira de ser, pensar e agir.

Sou muito grata a Deus por estar me guiando nesta jornada de sucesso, já me vejo como uma empresária e escritora bem-sucedida. Quero, através da minha história, inspirar principalmente mulheres, de que somos capazes de atingir nosso maior potencial, incentivá-las a ver seu verdadeiro valor e a não desistir de ter uma vida melhor, pois Deus tem um propósito para cada uma de nós, só precisamos buscar conhecimento e reconhecer nosso real valor.

“O conhecimento
é a chave que fará
seu real propósito
encontrá-lo(a).”

Ivandete Pereira Rodrigues

JACQUELINE CENERINI

Eu sou uma filha amada de Deus, vejo o cuidado dele em todos os detalhes da minha vida. Sou uma mulher de muita fé, sonhos e realizações. Sou casada com o Alisson há 22 anos, mãe do Matheus (19) e do Davi (15).

Sou advogada, mestre em Direito, especialista em Direito Médico e da Saúde, mentora de advogadas e criadora do TEDS – Treinamento Estratégico em Direito da Saúde. Sou sócia fundadora da Advocacia Cenerini e Iba, junto com a Aline Iba, nosso escritório fica em Maringá/PR, mas atendo clientes em todo o Brasil.

Meus *hobbies* são ler e viajar, também amo estudar, aprender e ensinar. Ouso dizer que sou uma curiosa de carteirinha.

Quando criança, eu não era muito fã das bonecas, mas amava brincar de escritório. Essa brincadeira de criança virou meu trabalho, sou apaixonada pelo que faço e grata por tudo que conquistei.

jacquelinecenerini

+55 (44) 99827-8006

jacqueline@cenerinieiba.adv.br

14

A VIDA CRIA O QUE SOPRAM AS PALAVRAS

Por Jacqueline Cenerini

Desde muito nova, lembro-me da minha mãe dizendo frases, como: "Cuidado com o que você fala, palavras têm poder...". Eu cresci com isso em mente, mas naquela época não sabia muito bem o que ela queria dizer; contudo, de uns anos para cá, passei a ter consciência exata do que isso significa e sou muito grata por ela ter sido minha primeira *coach*, quem me treinou para a vida e quem me fez enxergar que o meu valor estava no ser.

Do meu pai, ouvi frases, como: "Minha filha, você não queria a bicicleta? Agora, pedala!". E isso significava que eu estava recebendo aquilo que havia pedido a Deus, portanto, eu deveria fazer a minha parte, dar o meu melhor e honrar a bênção recebida, exatamente como ele sempre fez. Isso foi o melhor exemplo que podíamos ter de determinação e foco.

Aqui você não vai ler sobre uma mulher que sofreu abusos, que não teve oportunidades e nem que foi vítima. Minha história é a de uma mulher que teve uma família estruturada, uma mãe feminina e um pai masculino, cada um exercendo seu papel, com princípios cristãos e isso forjou a mulher que sou hoje. Mas nem por isso tudo sempre foi um mar de rosas, é claro que eu tive desafios e nos momentos que eles chegaram, quem me sustentou foi a fé, a minha família e os princípios que aprendi com eles, porque se tem uma coisa que sei fazer bem é estudar, aprender e compartilhar.

Em meados de 2015, eu já era casada há 13 anos com meu primeiro namorado, já tinha 2 filhos, Matheus com 10 anos e Davi com 7, morávamos em um apartamento que foi parte de um mural dos sonhos imaginário, que fiz quando ainda estava na faculdade. Eu não conhecia nenhuma ferramenta de *coach* naquela época e e essa história pouca gente conhece... Quando eu cursava Direito na faculdade, ainda solteira, eu passava todos os dias em frente a um prédio, em uma região muito valorizada da minha cidade. Esse prédio era lindo, novinho e com 16 andares. Eu sabia que minha mãe tinha uma conhecida que morava ali, o marido dela era procurador do município. Todos os dias, quando eu passava em frente a ele, eu pensava: "Eu ainda vou morar nesse prédio!"

O tempo passou, me formei em 2001, me casei em 2002 e quando casamos, eu e meu marido juntamos nossas economias e compramos nosso primeiro apartamento. Mas, calma, ainda não era o prédio que mencionei. O apartamento que conseguimos comprar custou 1/5 do que custaria o apartamento naquele sonhado prédio. Porém, eu não fiquei triste, pelo contrário, fomos muito felizes naquele primeiro lar e lá tivemos nosso primeiro filho.

No final de 2007, eu engravidei do nosso segundo filho e decidimos que teríamos que nos mudar, porque o apartamento ficaria pequeno para nós quatro. Com isso, começamos a procurar um apartamento novo e aquele sonho do apartamento no prédio, da época da faculdade, ainda existia no meu coração. E como são as histórias contadas nos livros sobre o poder da nossa mente, de como criar a nossa realidade, a venda do nosso apartamento foi concretizada ao mesmo tempo em que surgiu um corretor de imóveis que nos levou para visitar o apartamento no 5º andar do sonhado prédio, que veio a ser o nosso lar por mais 10 anos!

Vocês podem achar que tudo isso foi coincidência, mas eu atribuo essa conquista a um exercício que é ensinado nos treinamentos de *coach*, que se chama "Mural dos Sonhos". Na época, eu não conhecia nenhuma ferramenta de *coach*, mas eu tinha um desejo ardente de morar naquele prédio, e como ensina Napoleon Hill, "o desejo ardente é o combustível para a realização e assim aconteceu!"

Nesse novo lar, vivenciamos muitas coisas e, em 2015, eu passei por um grande desafio que me levou a mergulhar profundamente no autoconhecimento.

Se até ali eu tinha conquistado muitos sonhos sem conhecer nada sobre o poder do autoconhecimento e o poder da mente, depois de 2015 as coisas mudaram... Depois de trabalhar por mais de 10 anos como advogada em um grande escritório de advocacia, na área bancária – atuando como gerente de departamento jurídico, chegando a ter uma equipe de mais de 100 advogados sob minha supervisão, que tinham que cumprir mais de 2 mil prazos judiciais por mês, viajar por filiais no Brasil todo para dar treinamento para advogados, deixando meus filhos em casa com duas babás – eu decidi pedir demissão.

Abrir mão desse emprego significava colocar minha família em primeiro lugar e poder acompanhar o crescimento dos meus filhos, e assim, em 2011, eu tomei a decisão de sair desse emprego e abrir meu próprio escritório, onde eu passaria a ter mais liberdade de horário e tempo para a família. Eu só não contava com os desafios de empreender na advocacia, de não ter clientes e nem salário, de passar o dia com o escritório aberto sem entrar nenhum cliente sequer... mas tudo isso foi superado com muito trabalho e dedicação minha e da minha sócia Aline Iba.

Mas em 2015, um episódio de depressão me pegou de surpresa, passei a chorar com frequência, sem saber o porquê, não conseguia me alimentar, meu corpo estava me enviando sinais e eu precisava ouvir. Mas eu ainda resistia, porque pensava que eu não tinha nenhum "grande problema", que estava tudo bem e tudo aquilo passaria. Contudo, as coisas pioraram e passei a ir com frequência no Pronto Atendimento do hospital, achando que estava tendo um infarto, o que depois descobri que eram crises de ansiedade.

Foi então que decidi buscar ajuda e iniciar a terapia. É impressionante como nosso cérebro pode ser nosso maior aliado ou nosso pior inimigo. E é por isso que hoje eu insisto que todo mundo deve ter oportunidade de conhecer o funcionamento da mente humana e sou uma defensora da busca pelo autoconhecimento. Como Sócrates eternizou no Oráculo de Delfos: "Conhece-te a ti mesmo e conhecerás o universo e os deuses", ninguém deveria passar por essa vida sem um mergulho profundo em si mesmo.

Após iniciar a terapia e entender o que estava acontecendo comigo, fiquei cada dia mais apaixonada pelo autoconhecimento. Passei por um processo de *coaching* e me apaixonei tanto pela ferramenta, que busquei fazer uma formação e me tornar *coach* também. Meu objetivo era melhorar meus relacionamentos, entender mais de pessoas, melhorar como mulher, profissional, esposa e mãe.

Desde 2015, foram muitos livros de autoconhecimento lidos, muitos cursos e horas e horas de terapia. Entendi que aquela mulher que não se permitia chorar, demonstrar fragilidade e fraqueza estava precisando de ajuda e quanto mais eu resistisse, pior ficaria. Aprendi com Brené Brown, em "A coragem de ser imperfeita", que ter vulnerabilidade é ter coragem de aceitar os erros, defeitos, críticas e imprevistos, que acontecem no meio do caminho de uma jornada para o sucesso e que a vulnerabilidade não é sobre ganhar ou perder. Aprendi que enquanto queria ter o controle de tudo, mais as coisas escapavam das minhas mãos.

Paralelo a tudo isso, eu e meu marido tínhamos um sonho de morar em uma casa, com área de lazer, piscina e escritório, e do jeitinho que eu desenhei no Mural dos Sonhos, no processo de *coaching* que participei, aconteceu! Em 2017, nos mudamos para a nossa casa dos sonhos!

A minha paixão por esse assunto que envolve o nosso poder de sonhar e realizar é tão grande que, em novembro de 2020, criei e lancei uma metodologia de mentoria para mulheres advogadas, para compartilhar toda minha experiência e ajudar jovens advogadas a não passarem pelos mesmos desafios que passei. E juntamente com a minha sócia, Aline Iba, essa mentoria formou várias advogadas que hoje também vivem seus sonhos.

Eu jamais poderia contar a minha história sem mencionar a pandemia. Em fevereiro de 2021, meu marido pegou Covid e ficou na UTI por 10 dias, mas graças a Deus e com muita oração, ele se recuperou e não ficou com nenhuma sequela. Durante esse período que eu e meus filhos estávamos isolados em casa e ele no hospital, eu orei muito e, em minha orações, mentalizava nós dois caminhando no parque, viajando com nossos filhos e conhecendo o mundo. Em nenhum momento eu pensei algo negativo, meu único pensamento era a cura e eu já agradecia por isso em minhas orações. Mais uma vez, tudo aquilo que minha mente pensou e minhas orações verbalizaram, também se concretizou.

Todos os desafios e aprendizados me trouxeram até aqui, me ensinaram a ter resiliência; me acolher e compartilhar minha experiência é uma das coisas que me motiva a continuar. Hoje, além de advogar, sou professora de curso *online*. Criei um curso específico sobre Direito da saúde, chamado TEDS – Treinamento Estratégico em Direito da Saúde, que é minha área de atuação na advocacia.

Mas eu comecei contando a minha história e dizendo que aprendi com a minha mãe que *as palavras têm poder*, e é exatamente isso! Não apenas as palavras, nossos pensamentos e sentimentos também têm poder, portanto, devemos sondar nosso coração e nossa boca, para profetizar apenas o bem em nossas vidas e na vida de quem amamos, e termos sempre em mente a visão do futuro que queremos viver.

Hoje, ao olhar para toda essa trajetória, vejo que foi graças à educação que recebi dos meus pais, ao meu marido e aos meus filhos, que eu pude me conhecer melhor e me transformar na mulher que sou hoje, e sou muito grata a eles por tudo. Por isso, mesmo em momentos de dificuldades, devemos lembrar que tudo coopera para o bem daqueles que amam a Deus, porque somos únicos e dignos para construir a nossa própria história.

"Nossos sonhos
merecem nossa
melhor imaginação
e dedicação."

Jacqueline Cenerini

LEONARDO ANTONIO DAVI

Me chamo Leonardo Antonio Davi, nascido em 05/07/1995, atualmente com 28 anos. Natural de São Jorge do Ivaí/PR, cidade de onde me mudei ainda bebê para Marília/SP, vivendo por lá até 17 anos. Em julho de 2012, me mudei para Mamborê/PR.

Morávamos na periferia de Marília/SP e tudo aconteceu muito rápido, meu pai resolveu vender a casa em que morávamos e mudar para Mamborê/PR, uma cidadezinha de interior, local em que só tínhamos um irmão e uma tia por parte do meu pai. Como cheguei ainda cursando o Ensino Médio, e devido ao formato de estudos de São Paulo ser diferente do estado do Paraná, acabei tendo que estudar dois períodos, manhã e tarde, para repor as matérias atrasadas, ficando impossibilitado de trabalhar e auxiliar meus pais com as despesas de casa.

ladk2008

15

RESGATADO PELO PODER DA EXCELÊNCIA

Por Leonardo Antonio Davi

Ao chegarmos a Mamborê, as coisas não foram fáceis, o valor que conseguimos com a venda da casa era baixo, por ser localizada na periferia. Compramos o básico para iniciarmos a nova vida. Éramos em 5; pai e mãe, uma irmã e um irmão. Meu pai era construtor civil, trabalhava por conta própria, minha mãe era do lar. Eu, sendo o mais novo da casa, apenas estudava; minha irmã ainda não trabalhava e o irmão mais velho era impossibilitado de trabalhar, pois foi diagnosticado com diabetes tipo 1, desde os 13 anos.

Em 2012, após repor as matérias que estavam em atraso, consegui concluir o 2º ano do Ensino Médio e, nesse período, iniciei a prática de karatê, me graduando faixa preta em 2020. Meu sensei era proprietário de uma funilaria, me contratando em 2013 para trabalhar meio período, pois eu ainda era estudante do 3° ano.

Mamborê é uma cidade movida pela agricultura, então, em 2014, optei por sair da funilaria e tentar emprego em uma grande empresa, que tinha como objetivo principal, naquela região, o recebimento de soja, milho e trigo. Entrei em fevereiro de 2014, contratado por uma empresa terceirizada, como ajudante de serviços gerais, com contrato de 3 meses, que se encerrou em maio de 2014. Após 11 dias sem trabalho, fui contratado como funcionário efetivo, exercendo a função de ajudante de serviços gerais, assim começando a minha jornada.

Foi Deus agindo em minha vida, pois neste momento já estávamos passando por dificuldades, precisando de ajuda para nos mantermos, então, com este emprego, tivemos um fôlego com as despesas de casa. Após um ano de trabalho, as bênçãos continuaram a acontecer: em

2015, fui promovido a auxiliar de controle, passando a exercer funções no escritório. Tive um significativo aumento salarial, me desenvolvi tanto pessoalmente quanto profissionalmente, realizei cursos e treinamentos disponibilizados pela própria empresa, conhecimentos que me proporcionaram mais algumas promoções.

Em 2016, passei a exercer a função de classificador de produtos agrícolas 1, já em 2018, a função de classificador de produtos agrícolas 2, assim atingindo o meu auge na empresa, já que era o cargo máximo que um funcionário sem ensino superior poderia chegar. Passei a ganhar um salário que jamais havia imaginado, até mesmo porque era algo que extrapolava a realidade da minha família, que era constituída somente por trabalhadores braçais. Passei a não me sentir merecedor de todas as benções que haviam acontecido comigo.

Após atingir esse ápice na carreira profissional, começaram a acontecer as provações. Em 2018, já com 4 anos de empresa, sofremos a perda do meu irmão, devido à falta de cuidados consigo próprio. A diabetes foi se agravando, sendo necessário iniciar um tratamento com hemodiálise, que não durou muito, pois naquele mesmo ano ele veio a falecer, com apenas 27 anos. Com este acontecimento, o emocional da família ficou muito abalado, principalmente o meu pai, que logo após o ocorrido, acabou também sendo diagnosticado com a mesma enfermidade, passando a fazer uso de insulina e os devidos tratamentos.

Foram momentos difíceis, pois o quadro do meu pai foi piorando pouco a pouco, deixando-o impossibilitado de trabalhar, pois ficou muito debilitado, tanto fisicamente quanto mentalmente. Ele passou a trabalhar com recicláveis, quando possível, saía para coletar os materiais para vender e auxiliar com as despesas. Nesse momento, eu era o único que estava trabalhando para suprir as necessidades da casa, além das despesas médicas.

Fora anos difíceis, entre 2018 e 2023, a minha mãe passava a maior parte do tempo em hospitais acompanhando o meu pai e essa rotina foi acabando cada vez mais com o psicológico dela, por causa das dificuldades. Ela tinha que estar o tempo todo disponível a auxiliá-lo com banho, troca de roupas, alimentação, entre outros cuidados. Essas adversidades foram gerando um desgaste em todos nós.

Em fevereiro de 2023, o meu pai veio a falecer, com 65 anos, mexendo ainda mais com a estrutura da família. Para mim, em particular, foi um momento muito complicado, pois não estava preparado para tamanha responsabilidade que estava prestes a assumir, que era cuidar da minha mãe, já que ela sempre foi uma mulher dependente e precisaria mais do que nunca do meu suporte. Após tudo isso, ainda abalado com a perda da pessoa que era tudo para mim, comecei a sentir um desânimo, o que me levou a pedir as contas do trabalho, o qual havia permanecido por quase 10 anos.

Em setembro de 2023, resolvi tentar a vida em Maringá/PR, tudo para poder proporcionar uma vida melhor para a minha mãe, que ficou em Mamborê. Coloquei o meu *notebook* e poucas roupas na mochila e fui. Só que as coisas não aconteceram da maneira que eu esperava, fatos que me levaram a passar aproximadamente 20 dias dormindo na rua. Foram momentos complicados, o orgulho me fez passar fome, pois era incapaz de pedir alimento a alguém. Eu poderia ter pedido ajuda para voltar para casa, mas o orgulho me impedia, pois estaria voltando de mãos vazias. Além disso, eu mentia para minha mãe todas as noites em que ela ligava, dizendo estar bem e logo estaríamos juntos novamente.

Mas Deus foi tão maravilhoso na minha vida, me permitiu passar por essa provação para que pudesse escrever uma nova história e mudar as minhas crenças limitantes, que impediam meu crescimento. Tudo através de ferramentas que eu vim a conhecer posteriormente em "O poder da excelência".

Após uma longa noite mal dormida, do sábado para o domingo, no dia 24 de setembro 2023, iniciei o meu dia normalmente. Nessa época em que morava na rua, eu sempre tomava banho no Parque do Ingá; eu me acordava e ficava ali nas proximidades, esperando abrirem os portões para que pudesse entrar. Eu tinha duas garrafas que enchia de água e utilizava para tomar banho todas as manhãs. Só que nesse dia foi diferente, estava um pouco frio, enchi minhas garrafas e deixei ao sol para esquentar. Como o local em que me lavava era adentrando a mata, no próprio parque, eu subi e me sentei numa mesa que ficava no espaço reservado para o teatro e por ali fiquei esperando, até que minha água esquentasse. Mal sabia eu que Deus já havia preparado os anjos que me resgatariam, estando todos ali desde as 6:45 da manhã, pessoas essas que me proporcionariam uma nova oportunidade de reescrever minha história.

O Poder da Excelência é um grupo especializado em *Coaching* Integral Sistêmico, que tem como objetivo conscientizar as pessoas sobre o seu real potencial, através de ferramentas cientificamente comprovadas, aplicadas no dia a dia. A turma 10 desse grupo estava na sua caminhada da felicidade, fortalecendo um dos 11 pilares, "saúde". Após darem uma volta em torno do parque, eles começaram a realizar algumas atividades, até chegarem no local onde eu estava aguardando a água esquentar. Ali, eles se reuniram para tomar um café com todos os participantes da caminhada. Fui convidado a me juntar a eles, mesmo estando com fome acabei recusando o convite e fiquei por ali, no meu cantinho, observando, sem nem imaginar o que estava prestes a acontecer na minha vida.

Deus é tão bom que escolheu dois anjos para me resgatarem, o primeiro colocou uns lanches num guardanapo e levou até a mim, fiquei super feliz, agradeci e comi; o segundo anjo, Artur Franco, além de levar mais um lanche para eu comer, se sentou ao meu lado e começou a conversar. Foi quando eu não me aguentei, desabei em lágrimas e contei sobre a minha história para ele. Após o lanche, eles foram para a parte final, onde todos se reuniram para comentarem a respeito das atividades rotineiras e os ganhos que cada um teve, tanto na caminhada, como após as ferramentas do *coaching*. Foi um momento magnífico, pois este anjo levou a minha história até a Mércia Menezes, *master coach* do grupo.

Eu estava lá atrás escutando e ela falou com o grupo as seguintes frases: "Quem aqui é grato pelo chuveiro quentinho que tem em casa? Quem aqui é grato pelo alimento que comeu? Quem aqui é grato pela cama confortável que dormiu? Pois é, mas saibam que têm muitos Leonardos por aí, que não tem nada disso! Então sejamos gratos pelo que temos, pois o pouco para a gente, pode ser muito para alguém." E eu lá atrás, sem saber de nada, me emocionei novamente. A partir dali, Deus começou a agir, colocando pessoas preciosas, dispostas a me ajudar. Elas me alimentaram e pagaram dois dias num hotel, até conseguirem um local disponível e acessível para que eu pudesse morar. Ali mesmo consegui emprego, era Deus provendo mudanças na minha vida.

No dia seguinte, fui conhecer o espaço onde o grupo se reunia, participei da aula juntamente com a turma 10. Foram conhecimentos de grande impacto. Ali mesmo acabei sendo abençoado: a Mércia, responsável pelo treinamento, me presenteou com "O poder da excelência" — turma 11, curso que me fez virar a chave, pois, através das ferramentas disponibilizadas no treinamento, pude ver mudanças acontecendo de forma rápida. Durante as aulas, tive a real convicção que os pilares da minha vida não estavam como deveriam e um dos principais era o espiritual; a partir de lá, comecei a frequentar a igreja, coloquei Deus em primeiro lugar e comecei a pedir em oração bênçãos sobre a minha vida e de todos ao meu redor que foram responsáveis por me darem uma nova chance.

Hoje o meu pilar espiritual é totalmente restaurado, também consegui um novo emprego na empresa Ipromove Moda Adventista, a qual os proprietários Taylor e Patricia, que também participam desse ecossistema, me deram a oportunidade de fazer parte da sua equipe de trabalho, me proporcionando a oportunidade de crescimento, tanto profissionalmente quanto espiritualmente, pois este trabalho me permite seguir a doutrina conforme a palavra de Deus. Então, após todo o conhecimento adquirido através de "O poder da excelência", eu pude acessar a minha real identidade, descobrindo que eu sou capaz de mudar a minha própria história.

★ ★ ★ ★ ★

"Crenças reprogramadas farão você experimentar o extraordinário, desfrutar seu real potencial e viver uma vida de excelência."

Leonardo Antonio Davi

O PODER DO SUBCONSCIENTE
DR. JOSEPH MURPHY
EU DEUS
CONFLITO
ATRAVESSANDO
PAULO VIEIRA
DEIBSON SILVA
SUN TZU

LUÍS CARVALHO

Sou Luís Carvalho, natural de São Bernardo/SP, resido em Maringá/PR com a minha amada família: minha esposa Carla, com quem sou casado há 21 anos, e minhas filhas Heloísa e Ivi.

Sou empresário, profissional em Programação Neurolinguística, com ênfase em leitura facial e corporal, palestrante e ministrante oficial das obras "Decifre e influencie pessoas", "Poder e alta performance" e "O poder da ação".

Atuo principalmente como *coach* integral sistêmico e analista de perfil comportamental DISC em performance humana, ambas formações pela Febracis.

Grandes desafios apareceram. Com tudo que a vida foi me apresentando, tive grandes aprendizados, persistindo e acreditando que há algo realmente extraordinário para minha vida.

Luís Carvalho

luiscarvalhocoach

www.facebook.com/luiscarvalhocoach

luiscarvalhocoach@gmail.com

(Canal Mentalista) - luiscarvalhocoach

ALGO ME DIZIA: "A VIDA É MAIS DO QUE ISSO"

16

Por Luís Carvalho

Desnorteado. Era assim que eu me sentia diariamente. Sou Luís Carvalho e em meados de 2022, aos meus 40 anos, me encontrava num casamento disfuncional, em um trabalho que embora tivesse uma boa colocação no mercado — que ao olhar dos familiares era um bom emprego — não me trazia satisfação profissional. Mas, afinal, o que me levou a isso? Tentava me convencer de que a vida era aquilo mesmo, como se não houvesse escolhas e até mesmo uma condenação aos de má sorte. Parece que não, mas o estado de espírito se mostra na carne, na postura, olhar e tom de voz. Como querer admiração e respeito se nem mesmo eu me admirava e respeitava? Não tinha olhos para a beleza da vida, pois estava sempre esperando mais do mesmo dia após dia.

Minha bela esposa não considerava futuro para nós e não precisava falar, suas atitudes falavam por si. No trabalho, já não acreditava em grandes mudanças. Vinha de muitas derrotas profissionais. Por imaturidade, encerrei um empreendimento que gostava muito, tive que voltar ao mercado de trabalho, naquela altura do desespero, podia ser qualquer coisa. Entrei na construção civil como servente de pedreiro e lá tive meu primeiro choque de realidade. Pessoas simples, porém, de sabedoria, em como lidar com dificuldade da vida. De lá, entrei numa multinacional do ramo de elevadores, num cargo técnico, sempre buscando o sustento da família. Mas algo me dizia que a vida não se tratava de sustentar a família e se contentar com todo o resto.

A essa altura, o sentimento de derrota e descrença já conflitava com o sentimento de revolta. Um casamento quase inexistente e eu só tinha em mente duas coisas: ou eu ganhava dinheiro de alguma forma, para que pudesse dar conta de pagar pensão e sumir ou, literalmente, sumir deste mundo. Eu me perguntava a todo instante: como ficar longe das minhas filhas? Como lidar com as emoções de ter um projeto de família falido? Como ganhar muito mais dinheiro sem deixar de ser honesto?

Neste período, na ânsia de seguir com o projeto de enriquecer, comecei a buscar vídeos de pessoas bem-sucedidas, seguindo várias delas. Mas como se alguém me observasse, meu navegador começou a mostrar vídeos sobre inteligência emocional, dentre eles um me chamou a atenção, Dr Paulo Vieira, CEO fundador da Febracis. Como se estivesse me vendo, falava coisas que me atingiam diretamente, trazendo conceitos de autorresponsabilidade, exercícios baseados em PNL, porém, mais sofisticados e melhorados.

Quem aquele cara pensava que era para me dizer que o que eu vivia era culpa minha? Que minha pobreza, casamento, saúde e amizades eram reflexos diretos sobre quem eu acreditava ser? E que o dinheiro por si não moldaria minha identidade, pois de nada adiantaria ser rico, desrespeitando valores internos? Como eu queria ser rico deixando minha família, sendo isso algo de valor inestimado para mim? Este homem mexeu com minhas bases, incluindo o orgulho que me acompanhou por toda uma vida.

Com essa surra intelectual que levei, descobri que precisava de ajuda. Em continuidade aos vídeos e livros que fui adquirindo, descobri também que o Paulo Vieira tinha até então uma imersão de inteligência emocional. Eu, que no meu orgulho entendia que intelecto era o que movia tudo na vida, percebi, pela dor, que não se vive só de QI e que este é só uma parte da inteligência. Claro que ao assumir minhas falhas, fui buscar inteligência emocional comprando o ingresso da imersão que aconteceria em fevereiro de 2022 e, para meu desespero, já estava em outubro de 2021.

Neste meio tempo, compartilhava com uma parente tudo que me passava, pois nossas histórias eram semelhantes em alguns pontos. Não sei dizer como ela encontrou a *master coach* Mércia Menezes, mas me passou o contato dela e logo mandei mensagens para marcar uma conversa. Já estávamos em novembro quando a conversa aconteceu, a Mércia falava sobre coisas que eu vivia como se já me conhecesse e aquilo me abalou muito, sendo oferecido a mim um processo chamado Perfil Comportamental.

Naquela altura, eu estava aceitando tudo, desde que me tirasse daqueles sentimentos de derrota e revolta. Passados poucos dias, respondi a um questionário estranho sobre comportamentos e foi marcado um retorno para uma tal "devolutiva". Naquela sala, de frente com aquela *coach* extraordinária, me foi apresentado "quem eu sou". Senti a presença de Deus, euforia e emoções que nunca tinha sentido e quando digo "presença de Deus", é porque eu era completamente afastado e arrogante o bastante para discutir a fé alheia, mas agora, com verdade, arrependimento, amor e nova fé, senti um sentimento de libertação.

Até aquele momento, eu trabalhava com elevadores, um ambiente onde ficava na maior parte do tempo sozinho e em silêncio, porém, na devolutiva, foi apresentado que meu perfil é 80% influente e isso quer dizer que parte da tristeza que vivia, era por ficar só e em silêncio e um influente nestas condições é uma bomba prestes a explodir. A experiência de me encontrar e saber que sempre gostei de falar, mas sempre achei que era um erro, foi libertadora, uma noite inteira de choro de alegria se passou. Aconteceu em 19/11/21, uma data que não esqueço, meu novo nascimento.

Foi a partir daquele dia que descobri meu propósito, que tudo mudaria drasticamente e que uma ficha tinha caído: **a maior prova da sua inteligência intelectual é viver com inteligência emocional**. Então, eu pude aguardar até à data da imersão, que foi outra experiência extraordinária. Lá dentro, aprendi a me perdoar, a perdoar todos que precisavam ser perdoados e a pedir perdão, quebrar o orgulho, assumir erros e fortalecer a identidade. Saber que mereço e posso muito mais, que sou filho amado de Deus e que nele me conforto, onde posso buscar sabedoria e discernimento.

A imersão aconteceu em quatro dias inteiros, foi poderosa. Agora, com meu propósito já encontrado, decidi fazer a formação em *coach* e quem sabe ser tão bom profissional como a Mércia Menezes, a quem honro muito. Com aquela decisão, surgiu um novo desafio: como pagar a formação, que é a melhor e mais cara do Brasil. Não tinha o valor total, uma parte em dinheiro e outra no cartão somava a metade de tudo, mas aprendi que no Seu propósito, Deus traz a chuva quando você prepara a terra, desde que tenha fé. Com isso em mente, dois dias após a imersão, fui até a Febracis acreditando que poderia limpar a escola ou fazer qualquer outra coisa para pagar o valor da outra metade e algo inexplicável aconteceu. No carro, a caminho da Febracis, um aumento de limite de cartão que semanas atrás o banco havia negado, foi liberado, sendo mostrado a mim via aplicativo, e pasme, o valor fechava com o que faltava e isso era um limite ainda maior que eu tinha solicitado anteriormente.

Muita coisa já havia mudado na minha vida, já estava com olhar para o futuro, um norte dali em diante, novos desafios, mas desta vez com sentimentos de força e esperança. Eu precisava adequar as férias com os dias da formação e, para o meu espanto, também deu certo. As mudanças foram tantas que a carne começou a mostrar postura, tom de voz, tipo de conversas e pensamentos começaram a me afastar de pessoas que nada somavam, e me aproximaram de pessoas que multiplicavam conhecimentos e experiências. Entrei num processo de busca sem precedentes sobre o cérebro humano, *workshops*, livros, filmes, cursos e pontuo o *coach* em grupo, promovido pelo Grupo Excelence, da Mercia Menezes. Claro que eu ficaria próximo dela nesta jornada, afinal, ela foi responsável por me mostrar caminhos do autoconhecimento que jamais acharia sozinho. Aprendi coisas como visão positiva de futuro, formas de acessar memórias que, muitas vezes, se tornaram crenças limitantes. Que a narrativa sobre a minha vida direciona aonde quero chegar, a forma que me enxergo e vejo o mundo é crucial na jornada, que o mundo é o que é, mas o que eu faço dele e com o que me acontece me trazem os resultados que tenho e que quero.

Descobri que, por 40 anos, diversas informações e memórias moldaram minha forma de viver e que a jornada é uma busca constante por melhoria e excelência e que uma vez negligenciada, volta ao estado inicial, por isso, a importância da constância na jornada.

O casamento em processo de restauração me deu ainda mais ânimo, pude entender que, na dúvida, devo amar, que devo abraçar a pessoa e afastar alguns comportamentos, quando na maioria das vezes eu invertia essa ordem, isto é, abraçando comportamentos e afastando a pessoa. Hoje entendo que toda pessoa tem uma história, que cada um tem seu tempo de despertar da sua zona de conforto.

Em 25/11/22, após a devolutiva, coloquei uma foto no fundo de tela do meu celular, de um palestrante diante do seu público, mostrando as costas dele, com o cuidado de ser parecido comigo no corpo, corte e cor de cabelo. Em 19/10/23, palestrava para um grupo de 6 pessoas da área comercial da empresa na qual trabalhava e em 25/11/23 eu estava palestrando numa sala para 55 pessoas pagantes, num evento de 5 palestrantes, com *feedbacks* extraordinários. Desde a minha formação, venho fazendo atendimento *coach* tendo grandes *feedbacks* dos clientes que demonstram clara gratidão às melhorias de suas vidas.

Se colocasse as mudanças positivas em um gráfico, diria que estão em ascendência acentuada; que uma chave chamada **gratidão**, uma vez virada, enxerga tudo com novo ângulo. A pergunta é: você, sinceramente, acredita que sua vida é isso mesmo? Que o destino é um livro escrito no qual você segue um roteiro de derrotas?

Hoje, entendo que a vida é um navio e você é o capitão, querendo ou não. Um navio onde o capitão não sabe aonde ir está à deriva e é provável que encalhe ou afunde por desgaste, sem chegar em nenhum destino. Até quando você vai deixar seu orgulho e vitimismo pilotar seu navio? O que mais está disposto a perder para procurar ajuda? Até hoje, você fez coisas que te levaram ao seu estado atual e que não está bom, mas tem uma voz que grita lá no fundo: "Você pode mais, a vida não é só isso!". Até porque loucura é viver o mesmo querendo resultados diferentes. Então, reaja, me procure e acredite: Deus ama os improváveis.

★ ★ ★ ★ ★

"A maior prova da sua inteligência intelectual é viver com inteligência emocional."

Luís Carvalho

MÁRCIA BENATTI

Eu Sou Márcia Benatti, natural de Goio-Erê/PR, resido em Maringá/PR, sou casada com Cristiano Siqueira, mãe do Bruno e Isadora, meus amados!

Sou estilista, consultora de imagem e estilo, com formação em Moda, atuo nestas áreas há mais de 20 anos, em vários setores na indústria de moda, em vários segmentos.

Durante a pandemia, escolhi fazer uma transição de carreira, transformando desafios que a indústria estava passando em oportunidades para abrir novos caminhos. Minha jornada para a consultoria de imagem foi como uma metamorfose, onde eu transformei minha paixão por moda e expressão pessoal em uma profissão que não só me realiza, mas também capacita outras pessoas a descobrirem sua autenticidade através da inteligência visual.

marciabenattioficial

DESPINDO MEDOS, VESTINDO SONHOS

17

Por Márcia Benatti

Refletindo sobre os desafios e as reviravoltas que a vida me trouxe, percebo que cada momento de incerteza foi uma oportunidade para crescimento. Convido você a mergulhar na minha carreira de consultoria de imagem, uma jornada marcada por coragem, autodescoberta e uma paixão renovada pela arte de ajudar os outros a expressarem quem realmente são.

Descobri que a verdadeira mudança começa de dentro para fora. Investir em inteligência emocional significou mergulhar profundamente em meu próprio mundo interior, explorando minhas motivações, medos e aspirações. Ao cultivar o autoconhecimento e a autoaceitação, fui capaz de enfrentar os desafios da mudança com mais clareza e confiança.

O ponto de partida dessa jornada surgiu de uma mensagem inesperada, vinda de uma colega de trabalho voluntário, em um encontro para casais de nossa igreja Adventista do Sétimo Dia. Ano após ano, nos dedicamos junto a outros voluntários na missão de fortalecer os laços conjugais e espirituais entre os casais, embora nossa interação fosse limitada devido aos diferentes setores em que trabalhávamos. Por isso, o convite para um café durante a pandemia veio como uma surpresa, mas despertou minha curiosidade. Vale ressaltar uma particularidade: essa colega era a esposa de um antigo namorado da minha adolescência. Sim, pode parecer uma reviravolta inusitada, mas confesso que despertou ainda mais minha curiosidade.

Mércia Menezes, idealizadora deste livro, entrou em minha vida de forma tão casual quanto um convite para um simples encontro. Nossas interações eram permeadas por formalidades, como se estivéssemos seguindo um *script* predefinido. No entanto, tudo mudou quando Mércia expressou um interesse genuíno em conhecer melhor minha profissão. Foi esse simples gesto que desencadeou uma transformação profunda em nossas vidas, nos aproximando não apenas como colegas, mas como confidentes e amigas íntimas, "amigas de infância" como de costume brincamos!

A partir daquele dia, nossa relação evoluiu de uma conversa de negócios para uma conexão autêntica e sincera. Descobrimos que tínhamos muito mais em comum do que imaginávamos e que nossas trajetórias profissionais estavam intrinsecamente ligadas. Foi um momento de epifania, onde percebemos que Deus havia nos colocado uma na vida da outra, por uma razão maior. Durante aquele encontro, mergulhei de cabeça no universo do *coaching*, uma área que sempre admirei e aspirava para impulsionar minha carreira. Enquanto isso, Mércia se interessou profundamente pela consultoria de imagem, aconselhada por uma mentora a buscar uma imagem mais profissional e impactante. Ambas estávamos em transição de carreira e buscávamos por esses serviços que, infelizmente, estavam além de nossas possibilidades financeiras naquele momento.

Foi então que Mércia, com sua sabedoria e generosidade, propôs uma troca de serviços, uma permuta que mudaria o curso de nossas vidas. Ela ofereceu seu *coaching* em troca de minha consultoria de imagem. Essa oferta não apenas nos permitiu acessar serviços valiosos, mas também nos deu a oportunidade de construir uma amizade sólida baseada em confiança e apoio mútuo.

Às vezes, por vários motivos, incluindo o orgulho, nos fechamos para as oportunidades que a vida nos oferece. No entanto, aquele encontro foi um lembrete poderoso de que devemos estar abertos para as possibilidades e conexões que surgem em nosso caminho. Foi um lembrete de que Deus trabalha de maneiras misteriosas, unindo pessoas em momentos e lugares inesperados, para o bem daqueles que O amam.

A partir daquele encontro transformador, minha atuação como consultora de imagem assumiu um papel crucial na definição de uma estratégia de sucesso para Mércia. Foi com dedicação e expertise que elaborei uma imagem estratégica de marca pessoal, projetando a melhor versão de sua identidade visual profissional. E o sucesso dessa estratégia foi notável, refletindo-se em sua trajetória crescente desde então.

É importante destacar que o sucesso de uma imagem profissional vai além da roupa. Uma imagem de impacto e congruente é aquela que reflete fielmente o conteúdo genuíno e autêntico da pessoa. Sem essa coerência, corremos o risco de criar apenas um personagem, distante da sua essência real. Este pensamento sobre a importância da harmonia entre a imagem pessoal e o conteúdo intelectual nos leva a uma reflexão profunda sobre autenticidade e integridade. Afinal, vivemos em uma sociedade onde a primeira impressão é formada pela aparência externa, pela forma como nos apresentamos ao mundo.

Para manter a confiança e o respeito que essa primeira impressão pode gerar, é fundamental que haja consistência entre a imagem que projetamos e a substância que está por trás dela. Uma imagem profissional pode abrir portas e oportunidades, mas é o conteúdo real, nossos valores, habilidades, conhecimentos e atitudes, que determinam se essas portas permanecerão abertas ou se serão rapidamente fechadas.

A verdadeira harmonia entre a comunicação não verbal e verbal, entre a aparência e a mensagem, é o que nos permite criar conexões autênticas e duradouras com os outros. Quando há congruência entre quem somos por dentro e como nos apresentamos ao mundo, construímos relações baseadas na confiança mútua e na compreensão genuína. Por outro lado, quando nossa imagem externa não reflete nossa verdadeira essência, corremos o risco de criar uma *persona* fictícia, uma máscara por trás da qual nos escondemos. Essa desconexão pode levar a uma sensação de vazio e insatisfação, além de prejudicar nossos relacionamentos e oportunidades de crescimento pessoal e profissional.

Portanto, ao refletir sobre essa ideia, somos desafiados a buscar uma integridade autêntica em todas as áreas de nossas vidas. Somente ao alinhar nossa imagem externa com nosso eu interior, podemos verdadeiramente nos tornar quem somos destinados a ser, alcançar nosso pleno potencial e construir uma vida e carreira que sejam verdadeiramente significativas e gratificantes.

Considerando a importância dessa congruência entre o nosso ser interior e a nossa apresentação externa, que torna tangível para o mundo o nosso verdadeiro valor, tornando-o perceptível para todos ao nosso redor, entendemos que esta junção é fundamental para o nosso posicionamento. Este posicionamento é o facilitador essencial para alcançarmos nossas metas, tanto na vida pessoal quanto na vida Profissional.

Assim, nasceu de forma bela e coesa com nossos valores e princípios, o projeto Mente&Imagem. Este projeto, que hoje eu e Mércia Menezes estamos desenvolvendo juntas, surge como uma expressão de nosso propósito de vida compartilhado. Acreditamos verdadeiramente na importância de transmitir excelência para nos tornarmos referências em nosso campo de atuação. A sinergia entre nossa mente — representando nossos valores, crenças e intenções — e nossa imagem refletindo nossa autenticidade e confiança, é o que move Mente&Imagem. É através desse alinhamento que buscamos inspirar outros a descobrirem sua verdadeira essência e a expressarem sua identidade de forma plena e impactante.

Juntas, estamos comprometidas em oferecer um ambiente acolhedor e transformador, onde indivíduos possam desenvolver-se em todas as áreas de suas vidas, construindo uma base sólida para o sucesso e a realização pessoal. Acreditamos que ao compartilhar nossas experiências e conhecimentos, podemos desencadear mudanças positivas que se estendem além de nós mesmas, impactando vidas e comunidades de maneira significativa.

O meu processo de desenvolvimento da inteligência emocional foi verdadeiramente transformador, deixando uma marca permanente em minha essência como profissional e, acima de tudo, como ser humano. Experimentar esta conexão entre Mente&Imagem não apenas revelou, mas impulsionou-me rumo ao ápice da minha própria identidade. Descobrir-me genuinamente foi um divisor de águas em todos os aspectos da minha vida. O autoconhecimento, o autocuidado e o amor-próprio tornaram-se os pilares sobre os quais construí minha jornada. E ao refletir sobre essas transformações, volto-me para as palavras de sabedoria encontradas na palavra de Deus.

Em Mateus 22:37–39, Jesus nos ensina um princípio fundamental: amar ao Senhor nosso Deus com todo o nosso ser e amar ao próximo como a nós mesmos. Essa é a essência da verdadeira compaixão e empatia. Mas como podemos, genuinamente, amar o próximo se nem mesmo nos amamos primeiro?

Portanto, esta é a verdadeira questão que se apresenta diante de nós: como podemos nutrir e compartilhar amor e compaixão se negligenciamos a essência do amor-próprio? Afinal, é somente quando nos conhecemos e amamos profundamente, que podemos, verdadeiramente, estender essa mesma compaixão aos outros.

Este é o caminho para uma vida de significado e propósito, onde Mente&Imagem se unem em harmonia, guiando-nos em direção a uma existência mais plena e autêntica. No mundo altamente competitivo em que vivemos, as oportunidades, muitas vezes, parecem estar fora de nosso alcance, deixando-nos questionando porque outros, mesmo com menos conhecimento e talento, conseguem alcançar mais sucesso. Mas por que isso acontece? A resposta é clara: é preciso mais do que apenas habilidades técnicas para se destacar.

Posicionamento, inteligência visual e emocional alinhados são chaves para o sucesso. Em um mercado saturado, onde a concorrência é acirrada, é a capacidade de transmitir confiança, autenticidade e empatia que nos torna verdadeiramente notáveis. É essa combinação única entre nossa competência técnica e nossa habilidade de nos conectar emocionalmente com os outros que nos coloca à frente na corrida pela excelência. Portanto, seja a melhor versão de você mesmo. Por que ser bom, se você pode ser excelente? Você merece!

★ ★ ★ ★ ★

"Posicionamento, inteligência visual e emocional alinhados são as chaves para o sucesso."

Márcia Benatti

VENDER
TED

MÉRCIA ACETI MENEZES

Sou Mércia Aceti Menezes, natural de Maringá/PR, onde resido com minha família. Casada há 28 anos com Wagner Menezes e mãe do Davi Aceti Menezes.

Sócia-fundadora do Grupo Excellence (Centro de Desenvolvimento pessoal e profissional), *master coach* e analista de perfil comportamental, formada pela Febracis.

Especialista em Neurociência e Performance Humana (pós-graduação) e especialista comportamental formada pelo IDEC. Sócia no projeto Mente&Imagem com Márcia Benatti.

Criadora do método "O poder da excelência". Aplico a metodologia de forma individual, em grupo e mentoria empresarial, acompanhando há 6 anos empresários, homens e mulheres a transformarem suas vidas e seus negócios.

Tenho mais de 4 mil horas de *coaching e mentoring*, e mais de 1.000 horas de cursos e palestras.

merciacoach

grupoexcellencemga

SOU UM PROJETO DE DEUS, CRIADA PARA DAR CERTO

18

Por Mércia Aceti Menezes

Inicio este capítulo dando honra aos meus pais, Eduardo e Áurea. Nasci no dia 21 de abril de 1976 e, desde então, eu sou parte de vocês. Vocês me ensinaram sobre valores eternos e formaram com excelência o meu caráter. Minhas conquistas não são só minhas, por isso, dedico este capítulo a vocês, que nunca duvidaram da minha capacidade e sempre me apoiaram. Vocês são minha inspiração.

Ainda bem menina, comecei namorar o Wagner (meu esposo). Namoramos 7 anos e no dia 21/12/1995, nos casamos. Temos um casamento feliz e uma jornada linda na nossa paternidade. Não fomos pais biológicos, mas Deus nos deu nosso Davi com 5 anos e no dia 07/08/2016, passamos a ser chamados de mamãe e papai. Me senti realizada e apaixonada pela maternidade. Na minha vida pessoal, tudo estava se ajustando, mas inconformada com meus resultados profissionais. Sentia que faltava algo.

Aos 8 anos, mesmo com uma condição escassa financeira familiar, tive o privilégio de iniciar os estudos de piano. Em 1992, já no 7º ano do curso, aos 16 anos, ganhei o piano dos meus pais. Imediatamente, minha mente empreendedora entrou em ação. Comecei a dar aulas em casa e no conservatório musical onde estudava. No dia 02/02/1998, abri a minha escola de Música, a Teclart Cursos Musicais.

Eu vivia intensamente a minha profissão como professora de música há 28 anos. Eu amava ensinar, mas algo me dizia que eu poderia ir além. Eu tinha mente empreendedora, mas não tinha resultados exponenciais. Trabalhava muito em busca de resultados financeiros positivos, porém, vivia altos e baixos financeiros e frustrações constantes. Saúde emocional e física comprometidas: depressão, gastrite nervosa, dor de cabeça crônica, infertilidade. Foram 9 anos em tratamento sem sucesso.

Inconformada diante das circunstâncias e sem entender o motivo das minhas debilidades emocionais e físicas, decidi buscar pelo renovo participando do Método Cis (maior curso de inteligência emocional do mundo), em janeiro de 2018. Senti ali as vendas sendo tiradas dos meus olhos. Era o primeiro contato com o desenvolvimento humano. Enxerguei o porquê dos maus resultados pessoais e profissionais, compreendi que eu precisava fortalecer a minha identidade, passar por um profundo processo de autoconhecimento e um romper com tudo o que me limitava. Senti que Deus tinha algo muito maior para mim. Decidi imergir no processo de mudanças, pois estava pronta para recalcular a rota da minha vida.

Dei início a minha jornada de conhecimento e autoconhecimento no dia 12/09/2018. Decidi ser a protagonista da minha história. No dia 26/11/2018, recebi a certificação mais completa de *coaching* do mundo. Quase 1.000 horas em cursos, em apenas 2 meses e meio. Precisei me ausentar do trabalho por semanas, fiquei longe do meu filho e esposo, que assumiu todas as responsabilidades da empresa e da casa para que eu pudesse estudar. Nós dois decidimos estar sob a mesma missão.

Nesse processo de estudos e cura ao mesmo tempo, entendi claramente o que vinha me impedindo de ter resultados positivos e constantes. Eu vivia uma repetição de padrão familiar, e claro, sem gerar culpa nos meus pais, porque eles também foram vítimas de outras vítimas. A consciência foi o pressuposto do meu estado de liberdade e de mudanças. Segui rigorosamente o que diz em Romanos 12:2: "Não vos conformeis com este mundo, mas transformai-vos pela renovação da vossa mente, para que experimenteis qual seja a boa, agradável e perfeita vontade de Deus". Entendi que prosperar não era sobre dinheiro, era ter sucesso em todas as áreas da vida. Nesse romper, eu acessei novos lugares, novas pessoas, que me deram novas ideias e essas ideias me deram novas ações e as ações me geravam novos resultados.

Iniciei o ano de 2019 atendendo como *coach* numa sala, na minha escola de música. Sala inadequada, quente, mas fazendo o que tinha que ser feito. Para 1h de estudos, 8h de prática. Li muitos livros, fiz todas as tarefas propostas para treinar o meu cérebro. Aprendi a governar minha mente saindo da alienação. Decidi quais estímulos eu enviaria para o meu cérebro. Renovo da mente! Fiz meu plano de ação para fazer minha transição de carreira, em 2019.

ACONTECEU! Dia 13/10/2019, celebrei os 20 anos da escola e meu esposo assumiu a direção. Essa decisão só aconteceu pelo fato de eu ter clareza da minha real identidade. Fiz a minha transição de carreira aos 42 anos. Comecei então a desconstruir a imagem de professora de música e a construir a imagem de *coach*. Senti solidão, rejeição, fui incompreendida, mas tinha convicção de que permaneceria na jornada. No final de 2019, abri um curso gratuito na minha igreja, com o tema: "Série: tem poder quem age!". 50 inscritos. Foram 5 encontros repletos de ganhos. Treinei para fazer processos em grupo e entendi que era possível.

No dia 02/02/2020, lancei meu primeiro curso presencial pago, com o tema "O poder da Autorresponsabilidade". Foi sobrenatural. Agendado o próximo curso para março, veio a pandemia. Nesse momento, a dúvida pairou. Eu era perita em aulas de piano, e agora? Retroceder? Não! Só perde a guerra quem joga as armas fora! Decidi usar as armas que tinha, as ferramentas do *coaching*.

Por obediência, eu fiz o que tinha que ser feito. Passei por um deserto onde o orgulho foi quebrado. Precisei pedir ajuda para os meus pais, sogros e cunhados, que ajudaram com alimentos. Pedi isenção do aluguel da escola por 2 meses, tínhamos perdido 60% dos alunos. Eu sabia que eu era um projeto de Deus, criada para dar certo e projetos nascem para ter resultados positivos. Vivi um processo necessário para exponencializar meus resultados. Estudei muito, aprendi a fazer sessões *online*, fiz muitas *lives* e sentia o quanto eu vinha vivendo o meu propósito.

Mesmo em meio à pandemia, retornei com os atendimentos presenciais. Ofereci uma mentoria empresarial para uma amiga que tinha um salão de beleza pequeno ainda. Ela precisava se posicionar como gestora e eu como mentora. Trocamos a mentoria por serviços. Fazia as unhas e pintava a raiz do cabelo para me apresentar adequadamente e treinava enquanto ensinava. A partir daí, fechei outras mentorias empresariais e ela abriu um salão três vezes maior, confirmando o poder das ferramentas. Honro a vida da Camila Martins.

Nesse período, um grande amigo Jaboraatã, me visitou, viu minha condição financeira e fechou um processo individual de *coaching* comigo. Pagou o processo e retornou a São Paulo, onde morava. Por honra, fui fazer a primeira sessão presencial dele em São Paulo, o atendi na Febracis/SP. Esse atendimento me gerou autoridade e retornando a Maringá, fechei novos processos. Entendi que Deus estava colocando anjos na minha vida. Tudo estava acontecendo muito rápido.

Recebi um *feedback* em São Paulo que eu precisaria fazer uma consultoria de imagem para me posicionar como *coach* e gerar autoridade. Mas eu ainda estava na jornada e isso não poderia ser minha prioridade, pela minha realidade financeira. Eu acompanhava nas redes sociais a Márcia Benatti, que postava sobre moda. Já nos conhecíamos, mas sem relacionamento próximo. Para entender o que ela fazia, a convidei para um café. Sim! Ela era consultora de imagem e estilo e estava buscando conhecimento na área de inteligência emocional. Mais uma vez Deus cuidando de cada detalhe. Eu me tornei *coach* dela e ela, minha consultora de imagem.

No início da consultoria, eu me vestia com as roupas do acervo pessoal dela, pois eu ainda não tinha recursos para compras. Passei a ter muito mais autoridade como *coach*, fechando novos processos e mentorias com valores mais altos. Dessa união de propósitos, surgiu nosso projeto Mente&Imagem. Cuidamos do ser humano como um todo, de dentro para fora. Continuei acelerando minhas conexões.

No segundo semestre de 2020, dois amigos abriram uma agência de marketing (RRXP) e me tornei a primeira cliente. Mais uma vez, troca de serviços. Crescemos juntos e dessa parceria surgiu o nome do meu treinamento "O poder da excelência". Em novembro de 2020, iniciou a turma 1 do *coaching* em grupo com o meu método. A primeira turma foi fechada pequena, poucos pagantes, não cobriu as despesas. Eu fazia palestras gratuitas para fechar novas turmas, mas ainda sem sucesso financeiro. Turmas 2 e 3, poucos pagantes. Eu presenteava para fazer com que o meu método se tornasse conhecido e alguns eu doava, fortalecendo meu pilar servir.

Pela minha constância, fui sendo reconhecida e portas foram se abrindo. Sidney Aquino, diretor da Febracis Maringá na ocasião, me deu a oportunidade de ter uma sala de atendimentos na Febracis. Agora sim, uma sala adequada de atendimento individual. O ano de 2021 foi o acelerador e diante de tantas ações, o sobrenatural de Deus foi acontecendo. Meu esposo iniciou os estudos e se tornou *master coach*. Juntos em missão.

Depois de 44 anos morando no mesmo bairro, nos mudamos para o centro de Maringá. Nós tínhamos nossa visão extraordinária de futuro. Ter um espaço com salas de atendimentos e auditório e a Márcia Benatti ter uma loja e se posicionar como consultora. Em agosto de 2022, encontramos um espaço de 330 metros (como estava no mural da vida extraordinária do meu esposo). Em setembro de 2022, encerramos o ciclo da escola de música e no dia 10 de abril de 2023, inauguramos nossa empresa, o Grupo Excellence (Centro de desenvolvimento pessoal e profissional) junto com o Espaço Márcia Benatti. Anjos foram colocados no nosso caminho para acelerar os resultados. Honro a vida do Cristiano Siqueira e do Júlio Bessani.

O nosso objetivo na construção da empresa era o desenvolvimento do ser humano como um todo. Além do meu método, vários treinamentos são ministrados com profissionais parceiros. Treinamentos sobre finanças, para líderes e empresários, para pais de crianças e adolescentes, *coaching* de carreira, inteligência espiritual, Treinamento Homens de Excelência, "O poder da transformação feminina (Mente&Imagem)", formação em Especialista Comportamental pelo Idec e o privilégio de termos a filial da Editora Chave Mestra no Grupo Excellence. Deus unindo propósitos.

Estou na 12ª edição do meu método "O poder da excelência". Nessa jornada, são testemunhos lindos de famílias restauradas, vícios rompidos, empresas reestruturadas e prósperas.

Quando resgatei a minha real identidade em Cristo, o propósito me alcançou e me levou para lugares inimagináveis.

Ouse dar o primeiro passo! Se eu pude, você também pode!

★ ★ ★ ★ ★

“Só perde a guerra
quem joga as
armas fora.”

Mércia Aceti Menezes

PATRÍCIA E TAYLOR MARDEGAN

Somos Patrícia e Taylor Mardegan, nascemos em Mandaguari/PR e residimos em Maringá/PR. Casados há 25 anos e pais da Lorena, Lara e Lívia (*in memoriam*). Nos especializamos em Marketing, Vendas e Gestão de Pessoas e fundamos a Ipromove, uma indústria de moda que promove projetos da Igreja Adventista do 7º Dia na América do Sul.

Além da atuação no atacado, movimentamos uma loja *online* e mentoreamos a Ipromove Escola de Negócios, que formou mais de 150 empreendedores na área de afiliação e revenda, que são os embaixadores da marca no Brasil. Começamos nosso negócio com uma dívida de mais de 100 mil reais e já chegamos a faturar a marca de 7 milhões no ano, acreditando que o empreendedorismo pode salvar e transformar vidas. Nossa meta é inspirar milhares de pessoas a acreditarem no seu sonho.

ipromove

taylor_ipromove

patricia_ipromove

MILAGRES NO IMPROVÁVEL

21

Por Patrícia e Taylor Mardegan

Você já se sentiu desafiando as probabilidades? Sabe quando tudo poderia dar muito errado e, sem que se espere, dá certo? Essa história é sobre Deus e o que Ele fez com nossas vidas. Eu (Patrícia) acreditava no controle de Deus em minha vida, mas não era essa a sensação que eu tinha naquela madrugada. Era mais uma de muitas que eu vinha arrastando sob o peso das preocupações, da angústia de alma e do sofrimento que doía fisicamente no meu peito. Era a primeira vez que eu senti o coração bater na garganta, o ar sumir das narinas e o estômago se contorcer. Minha cabeça estava literalmente quente, pesada, meu sangue parecia correr desenfreado pelo corpo, eu estava perdendo o controle. Quem havia me colocado naquela posição? O que poderia ter acontecido para me privar do sono e da paz? Desde que me lembro, fui cristã, sempre li muito a Bíblia, a igreja era um dos meus lugares favoritos e meu relacionamento com Deus era bem próximo. Mas por que estava naquela situação?

Eu me sentia falha como mãe, pois uma filha estava em rebeldia declarada e a outra numa tristeza profunda. Enquanto eu me alternava levando-as em psicólogos e psiquiatras, me questionava sobre qual teria sido meu erro. Eu me sentia uma esposa desagradável, por não conseguir administrar meu estresse ao querer controlar a casa e a empresa. Comumente me punia com os mais cruéis julgamentos, quando não conseguia agradar alguém e manter as amizades. Como gestora, me considerava incompetente por não trazer os resultados suficientes para a empresa. Na igreja, me frustrava por não exercer uma liderança efetiva e me sentia prejudicando a obra e meus parentes reclamavam da minha ausência me achando arrogante, correndo só atrás de dinheiro. Tudo estava em ruína! Por onde eu olhava, parecia haver somente derrota e frustração. Para mim, nada mais fazia sentido, a não ser o fato de querer fazer algo por minhas filhas, era a minha razão de sobrevivência.

Entre as vozes acusadoras que rodeavam minha mente — a cobrança incessante para ser alguém de sucesso tendo uma conduta à prova de falhas, o *checklist* de tarefas denso para executar no dia seguinte e a certeza de que algo terrível estava para me acontecer — me vi consumida pelo medo. Eu estava sozinha, perdida e, na minha cabeça, eu já tinha tentado tudo. Que pessoa eu havia me tornado? Meus 45 anos não haviam servido para nada, a não ser para trazer dor e tristeza a pessoas que não mereciam, o mundo seria um lugar melhor sem mim.

Em desespero completo levantei um clamor, entre prantos, a Deus para que me desse uma direção, mas Ele me deu um nome, a resposta até parecia audível, porém controversa. Afinal, como essa pessoa poderia me ajudar? Porque ela, Deus? Relutei e julguei, mas por obediência à resposta da oração, engoli o orgulho, criei coragem, consegui o contato e pedi um horário em sua agenda. Quando disse ao Taylor que tínhamos esse horário, ele contestou bravamente: "O que vamos fazer lá? Esse pessoal não é confiável, é tudo conversinha fiada".

Como eu estava convicta da resposta que recebi, segui o plano, mesmo que ele não fosse, mas por fim, ele foi. Não tínhamos a menor ideia do que estava nos aguardando, nossa noção era zero. Eu tinha ouvido minha irmã contar sobre algumas experiências que tinha passado ali, mas não conseguia entender do que se tratava, porém percebia uma mudança nela e isso me passava muita confiança.

Chegamos em nosso primeiro encontro, ela nos recebeu bem, foi muito amigável. Conforme fomos abrindo a caixa preta do nosso belo avião que havia se estraçalhado na lama, ela foi amorosamente nos mostrando o que havia nos levado para esse cenário. Foi chocante e libertador. Foi um encontro com a Mércia, mas ao mesmo tempo com uma face de Deus, desconhecida para nós até então. Não tínhamos ideia de como nossas próprias emoções estavam distorcendo nossa capacidade de julgamento e ação.

Estava claro que o primeiro grande mandamento de amar a Deus sob todas as coisas estava ok, mas o segundo, amar o próximo como a ti mesmo, não. Como amar alguém se não tínhamos aprendido a nos amar verdadeiramente? Como nos amar, se não nos conhecíamos de fato e verdade? Por que não conseguíamos ver o valor de tudo que tínhamos feito e de quem éramos? Aos olhos de todos, éramos um casal bem-sucedido, com uma família estruturada, morando numa bela casa, andando num bom carro, com um negócio de sucesso e apesar das duras perdas que tivemos, existia uma história de superação que inspirava outras pessoas. Afinal, alguém que sai de uma dívida de mais 100 mil reais em 2008, chegar a faturar 7 milhões em 2019, tinha alguma coisa para ensinar. Decidimos compartilhar tudo que aprendemos e então já éramos mentores, com curso *online* formando empreendedores para venderem no *online* e no atacado.

Aos nossos olhos, porém, não sentíamos que era real, nosso passado, nossas crenças e nosso turbilhão de emoções estavam invalidando nossa verdadeira identidade. Como alguém que não foi planejada pelos pais poderia estar ali? Como uma órfã de pai, mãe e irmã, criada pela avó e pelos tios, estudando a vida inteira em escola pública, poderia estar ali? Como alguém que não conseguia se relacionar com a irmã sobrevivente do acidente teria o que ensinar? Como alguém com essa aparência e procedência seria uma referência? Como alguém carregada de culpa por ter perdido uma filha de apenas 4 aninhos para uma doença rara poderia dizer? Como uma mãe que não soube equilibrar o trabalho e a maternidade teria condição de ensinar alguém? Como alguém de difícil trato e exigente saberia sobre gestão? Como um menino filho de pais separados, rejeitado pelo pai, teria o que oferecer? O que alguém que morava no bairro mais pobre da cidade e que foi abusado na infância pode ensinar? Como alguém que sofreu *bullying* na escola e era considerado pelos amigos como o mais burro, poderia ensinar algo? Como alguém considerado pelos próprios líderes como só "servir para trabalho braçal" teria algo para oferecer? Como alguém que passou anos em terapia e mesmo assim tinha fortes desejos suicidas poderia fazer por outras pessoas? Como alguém que não conseguia sequer controlar suas contas pessoais poderia gerir uma empresa? Como alguém que não teve referência de pai poderia ser um bom pai? Se todos nos viam de uma forma e nós nos víamos de outra, quem estava com a razão?

Essas dúvidas ecoavam em nossa mente, acompanhadas de resultados incongruentes com nossos esforços. Mas a questão era: Por que? O peso dessa realidade era insuportável, não víamos saída, a não ser aceitar que precisávamos de ajuda.

Iniciamos então nosso processo com a Mércia e vimos o trato de Deus com a gente através das sessões, das ferramentas, dos livros, dos filmes e cursos. Conhecemos o funcionamento do nosso próprio cérebro, como são formadas nossas memórias e crenças e como reprogramá-las. Todos os pilares da nossa vida estavam disfuncionais, focávamos em uns e esquecíamos de outros e, desse modo, precisávamos assumir nossa responsabilidade diante dos nossos resultados e parar de culpar outras pessoas por aquilo que nos acontecia. Entender que nossos pais só nos deram aquilo que receberam e que também foram vítimas de outras vítimas nos deu uma outra perspectiva, pois aprendemos que o perdão vai além do sentimento, sendo uma decisão que nos libera para seguirmos em frente.

Saber que o comportamento de nossas filhas refletia a nossa própria condição, nos deu oportunidade de mudar nossas atitudes com elas e ver o quanto nosso relacionamento se tornou profundo e verdadeiro. Hoje, sabemos quem somos, nos encontramos com nossa real identidade: somos filhos amados de Deus, a imagem e semelhança do Criador, nosso valor não está no que temos, mas sim no que somos. Fomos libertos da culpa, perdoados e resgatados.

Nossos erros não nos definem, pois aprendemos a ter compaixão por nós mesmos e conseguimos ver por trás de nós e dos outros uma história. Nossas feridas estão sendo curadas, a medida que ajudamos e servimos outras pessoas. Essas palavras são insuficientes para expressar a gratidão que sentimos ao viver em plenitude o sonho de Deus pra nós. Ele não nos quer presos em nossas armaduras do passado, amarrados ao orgulho para não sermos mais rejeitados. Ele nos quer livres para sermos instrumentos d'Ele na cura de outras pessoas. O medo, a ansiedade, os vícios emocionais e a alienação eram distrações que nos impediam de cumprir nosso propósito. Decidimos fazer o caminho contrário, amar, perdoar e crescer no conhecimento de Deus e na pregação do Evangelho. Ainda estamos em processo, mas nós e nossas filhas já temos uma visão positiva do nosso futuro, temos metas e objetivos claros pela frente, nossa vida, aos poucos, tem se encaixado e organizado e as mudanças estão acontecendo rápido.

Quando vemos nossas filhas vivendo de forma leve, alegre e esperançosa, sentimos a imensa vontade de compartilhar tudo que vivemos com o mundo. Todos merecem passar por essa experiência! Eu sei, essa história tinha tudo pra dar errado, a união de duas pessoas com cargas emocionais tão intensas poderia gerar um caos, mas Deus, em sua misericórdia, nos uniu para estarmos aqui neste tempo, nessas condições, para alcançar pessoas que só nossas vidas poderão alcançar.

Existem milagres em encontros improváveis. Somos provas vivas do amor do nosso Pai em usar outro ser humano para nos socorrer! Honramos ao nosso Deus com todo nosso amor, hoje amamos a nós mesmos e ao nosso próximo verdadeiramente. Honramos a vida de nossas filhas porque para ajudá-las, fomos ajudados. Honramos sua vida, Mércia, por nos acolher, nos amar e orientar. Por ter escolhido ser "julgada" enquanto fazia esse trabalho incrível. Honramos a vida do Dr. Paulo Vieira por criar e aprimorar essas ferramentas que salvam vidas. Honramos sua vida, leitor, se você estiver buscando cura para sua alma e verdadeiramente buscar por respostas, certamente encontrará. Quando ouvir, obedeça! O mundo agora será um lugar melhor por nossa causa, por sua causa.

“Quando buscar por respostas e as ouvir, obedeça! O mundo será um lugar melhor por sua causa.”

Patrícia e Taylor Mardegan

ROSELI PAES

Sou Roseli Paes, esposa do Adilson e mãe da Gabriela e da Cícera. Atuo como psicopedagoga clínica, ajudando crianças com dificuldade de aprendizagem e também como *coaching* infantil, que é um trabalho realizado com ferramentas poderosas que levam a criança para outro nível e proporciona aos pais a descoberta de como participar ativamente do desenvolvimento e crescimento do seu filho.

Trabalho como ministrante da palestra "Educar, amar e dar limites" e também como mentora para pais, do curso "Decifre e fortaleça seu filho". Faço análise de perfil comportamental infantil.

roseli.jspo

+55 (44) 99948-5952

roselijspo@gmail.com

19

UMA HISTÓRIA DE SUPERAÇÃO

Por Roseli Paes

A situação não era a melhor, mas, nesse dia, a minha mãe anunciou para o meu pai a sua gravidez, já que esperava por este momento há 13 anos. Porém, meu pai não acreditou e disse que ela estava doida e velha demais para ser mãe. Neste tempo, a minha família morava em Maringá e o ano era 1972.

Realizada com o bebê em seu ventre, ela curtiu muito este tempo, mas sozinha. Não teve o apoio do meu pai, mesmo vivendo juntos com muitos anos de casados. Foi um dia de muita alegria, 7 de julho, pois este foi o dia em que o Senhor escolheu para eu vir ao mundo. Finalmente, o sonho da minha mãe tinha se realizado e meu pai viu com seus próprios olhos o que não acreditou ser verdade por 9 meses.

Fui muito acolhida e amada em meu nascimento, pois na família havia muitas crianças do lado materno e paterno e a única que não tinha filho biológico era a minha mãe. Cresci num ambiente simples, mas com muito amor. Conforme fui crescendo, a situação financeira em minha casa foi ficando mais difícil e meu pai conseguiu uma oferta de emprego melhor em Curitiba. Então, nos mudamos para lá quando eu tinha 5 anos, nesta época, minha mãe também já trabalhava para complementar a renda da família.

A nossa situação de pobreza era tanta, que as pessoas para as quais a minha mãe trabalhava me pediam para eu morar com elas, pois acreditavam que poderiam me oferecer uma melhor condição de vida, diante da situação que viam que a minha família vivenciava. Nessa época, morávamos de aluguel e mudávamos praticamente a cada 6 meses, pois quando o proprietário da casa subia o aluguel, minha família não tinha como pagar e tínhamos que desocupar a casa. Cresci vendo a nossa mudança sendo transportada em carroças e carrocerias de kombi. Na verdade, nem era uma mudança, era o básico para se ter um lar. Por este motivo, durante o tempo de vida escolar, mudei muitas vezes no Ensino Fundamental; oito anos de escola, seis mudanças. Quando eu começava a me adaptar com a escola e os amigos, vinham meus pais dizendo que não era mais possível morar ali, devido ao aumento do aluguel. Não sei o que acontecia neste tempo e porque eles não conseguiam procurar uma casa no mesmo bairro, mudávamos, literalmente, para o outro lado da cidade.

Quando morávamos bem, a nossa casa tinha três cômodos, porém, quando o dinheiro estava mais curto, eram dois. Certo dia, quando a minha mãe chegou do trabalho à noite, disse que teria uma conversa comigo. Contou que iríamos mudar novamente, só que dessa vez a casa alugada só tinha um cômodo e um banheiro e eu não caberia dentro desta casa. Lembro-me do olhar dela fixo nos meus olhos. E seu comando foi: "- Você vai ter que morar na casa da minha patroa, até as coisas melhorarem. Já conversei com ela e ela vai colocar um colchãozinho no quarto da filha dela e você vai dormir lá".

Foi um tempo muito, muito difícil, me lembro que eu estava no 3º ano e não conseguia entender porque não tinha espaço para uma filha dentro da sua própria casa. Fiquei por mais de um ano nesta situação, era constrangedor não ter meus pais por perto ao anoitecer. A dona da casa era boazinha, mas não era da minha família. O meu coração se enchia de alegria quando o dia amanhecia e minha mãe chegava para trabalhar e se entristecia muito no final da tarde, quando minha mãe ia embora e eu sabia que tinha que ficar.

As pessoas desta casa foram se acostumando comigo e, em certo dia, a patroa da minha mãe disse que tinha conversado com o marido dela e eles tinham decidido que iriam me adotar, pois poderiam me oferecer melhores condições de vida e um futuro promissor. Diz a minha mãe que neste dia, ela ficou tão assustada e com tanto medo de me perder, que só desamarrou o avental que estava usando, pegou na minha mão e fomos embora, nunca mais voltou naquela casa. Ela me contou que ninguém poderia roubar o seu único tesouro e me emociono quando lembro disso. O seu medo maior era por ser analfabeta e as pessoas usarem disso para me tomarem dela.

Sempre tive uma relação boa com meus pais, nunca os culpei pelas situações vividas na infância, pois vivi o melhor que eles podiam me oferecer. Diante de tanto sofrimento, apenas uma coisa ecoava dentro de mim: "Preciso crescer para mudar de vida, não aguento mais não ter um lugar fixo para morar e estudar. Vou crescer e construir uma casa muito grande, com quartos grandes, janelas grandes de vidro e um quintal grande, para morar com a minha família e nunca mais ficar 'pulando de galho em galho' com mudanças". Eu tinha uma certeza: que no futuro tudo seria diferente, mas eu tinha que crescer!

Na semana que completei 15 anos, meu pai faleceu e tudo ficou ainda mais difícil, porque agora só tinha uma renda para família. Então, minha mãe decidiu que deveríamos voltar para Maringá e meu tio pagou um caminhão para trazer a nossa mudança.

Comecei a cursar o magistério no Ensino Médio e já no primeiro ano comecei a fazer os estágios exigidos pelo curso. No outro ano, já assumi uma turma dando aulas para a Educação Infantil. Trabalhando com carteira assinada, ganhei uma conta no banco e um talão de cheque. Achei que tinha ficado rica (risos). Juntei cada centavo ganho naquele ano e finalmente comprei o direito de ter uma casa, aos 17 anos. Fui emancipada para fechar o meu primeiro negócio! Aos 18, comprei um Chevet ano 1977 e pensei: "Agora eu cresci e as minhas conquistas só começaram!".

Conheci meu marido Adilson, me casei aos 23 anos, tive duas filhas lindas, a Gabi e a Ciça. Consegui começar a cursar a minha faculdade de Pedagogia aos 27, já com as duas filhas. Tive que ter muita força de vontade para fazer faculdade com duas crianças pequenas e atuando por dois períodos na escola. Trabalhei por quase 30 anos na escola e me aposentei aos 42 anos. A maioria das pessoas passa a vida trabalhando, esperando o dia da aposentadoria chegar, mas eu não, sabia que este período seria apenas mais uma etapa a ser vencida.

Comecei a fazer uma pós-graduação em Psicopedagogia Clínica, pensando em ajudar as crianças que apresentavam dificuldade na escola. Me empolguei muito com os novos aprendizados e fiz mais três pós-graduações: Raciocínio Lógico, Alfabetização e uma graduação maravilhosa chamada PEI — Programa de Enriquecimento Instrumenta —, vinda de Israel, que passa por todo ciclo de aprendizagem, dos 8 aos 80 anos.

Abri uma clínica e comecei a atender como psicopedagoga. Recebo crianças com a autoestima muito baixa, se sentindo incapazes de darem conta das atividades pedagógicas oferecidas pela escola. Então, inicio o trabalho fazendo as intervenções psicopedagógicas necessárias e depois de alguns meses, entrego estas mesmas crianças lendo, escrevendo e produzindo com autonomia, se sentindo capazes de continuarem seus processos sozinhas.

O trabalho fluía muito bem com as crianças, mas percebia que por parte dos pais sempre ficavam lacunas, no que diz respeito em entender a dificuldade que os filhos estavam atravessando naquele momento, como também muitas dúvidas em relação à criação deles.

Neste tempo, veio a pandemia e tive que interromper o trabalho por conta do risco que todos nós corríamos. Então, já que não podíamos fazer nada fora de casa, resolvi aproveitar a oportunidade que estava dentro dela. Procurei na internet uma nova formação *online*, que atendesse aos pais com as suas dúvidas e anseios na criação de seus filhos, e encontrei o *coach* infantil, que mais tarde fiz todo aprofundamento no curso presencial.

O *coach* infantil veio para agregar o meu trabalho com a psicopedagogia. Este atendimento acontece em 12 sessões, trazendo ferramentas maravilhosas para os pais e também para as crianças. O atendimento permeia todo o desenvolvimento da vida da criança e traz muita luz e clareza para os pais lidarem com seus filhos nos desafios do dia a dia. Os resultados são extraordinários, porque o crescimento não é só da criança, a família descobre o quão gratificante é participar ativamente do desenvolvimento e crescimento do seu filho. Este trabalho flui de forma poderosa e positiva, então me aprofundei mais nesses conteúdos e comecei a ministrar palestras em todos os lugares onde pudesse encontrar uma família (escolas igrejas, indústrias etc.).

Hoje, aos 50 anos, olhando para minha história de vida, percebo que nascemos uma pedra bruta e o Senhor vai nos lapidando ao longo dos anos, para nos tornarmos exatamente aquilo que Ele nos chamou para ser. Aprendi ao decorrer dos anos que:

— Deserto não é um lugar feito para morar e sim só um lugar de passagem, amadurecimento. Nasci nele, mas não quis permanecer lá a minha vida inteira, murmurando e culpando minha família por não ter me oferecido uma vida melhor.

— Os processos e a espera que vivemos devem ser respeitados, pois cada um deles dura o tempo necessário para subirmos de nível.

— E, finalmente, as oportunidades. Elas são para todos, mas a responsabilidade é nossa de querer vê-las, agarrá-las e tirar proveito do que está sendo oferecido. Tem que pagar o preço, buscando, inovando, lendo, estudando, pois está escrito em João 10:10 que o Senhor nos deixou uma vida abundante.

Eu fui buscá-la!! E você?

Também pode contar uma nova história da sua vida, não importa o que passou ou o que você vem passando, Jesus não vivia de passado. Devemos olhar para frente!

O que você pode fazer por você, hoje, para começar uma nova história? É necessário fazer uma reflexão do seu estado atual, do que você está vivendo hoje, por isso, pegue folha de papel, caneta e anote. Depois reflita mais um pouquinho e pense onde você quer chegar, que é o seu estado desejado.

Lembre-se que tudo o que nós focamos, expande! Esta é uma fala do escritor e PhD Paulo Vieira. Respeite os processos, pois você está sendo preparado para subir de nível. E não perca nenhuma oportunidade, pois elas estão passando pela nossa vida o tempo todo. Você é o único responsável pela sua vida, então comece a fazer o que tem que ser feito, sem procrastinar.

Confio em você, comece agora!

★ ★ ★ ★ ★

"As oportunidades são desafios que nos fazem ir para o próximo nível."

Roseli Paes

ROSILEI BORTOLI

Sou Rosilei Bortoli Ianoski, aos 14 anos fiz escolhas que me permitiram ser quem sou hoje. Resido em Chapecó/SC com meu marido Alderi Ianoski, com quem sou casada há 27 anos, e com minha filha Anabella, de 13 anos.

Graduei-me em Matemática pela UPF, atuo há 27 anos numa empresa de marketing multinível na área de nutrição, vida saudável e ativa, onde sou empreendedora e palestrante.

Tive treinamentos sobre liderança e desenvolvimento pessoal pelo renomado filosofo empresarial Jim Rohn, no Brasil e exterior. Formada em Inteligência Financeira por Gustavo Cerbasi, Profissional & Self Coaching, PNL, analista comportamental.

Busco o autoconhecimento para evoluir e ajudar mais pessoas a mudarem de vida através do desenvolvimento pessoal.

rosileibortoli

+55 (44) 99128-5227

20

SOMOS RESULTADO DAS NOSSAS ESCOLHAS

Por Rosilei Bortoli

Estou eu aqui, realizando mais um sonho. Quero expressar minha gratidão primeiro a Deus, em quem sempre busco forças para continuar; ao meu marido, por encorajar-me na realização dos meus projetos; a minha filha, que chegou com 43 dias e desde então é meu maior aprendizado; a minha família, pelo seu acalento; às amigas(os) por acreditarem mais em mim do que eu mesma; a cada pessoa que passou na minha jornada deixando marcas na construção de quem sou, e a você, leitor. Gratidão!

Minha gratidão à Mércia pelo convite em participar desse trabalho. Tendo pensado em vários temas dentro da minha própria história, decidi escrever sobre a minha jornada de vida e suas lições. Acredito que a vida começa quando eu decido fazer o que é preciso ser feito para que as coisas aconteçam, independente das circunstâncias, idade, condição financeira, origem ou instrução.

Fui uma adolescente com muita força, coragem, determinação e com o desejo ardente de mudar de vida. Desde cedo, entendi que eu precisava passar pela dor da mudança para não passar a vida com a dor de permanecer sempre do mesmo jeito. Precisei ser autorresponsável com minhas escolhas em relação à minha vida profissional, acadêmica, financeira e espiritual, também associar-me com pessoas que poderiam me levar sempre para o próximo nível. Jim Rohn dizia: "Você é a média das cinco pessoas com quem mais convive".

Na época, meus pais eram pequenos agricultores, além disso, meu pai vendia máquinas agrícolas (trilhadeiras) e minha mãe cuidava da casa, dos filhos, costurava e fazia tudo o que a agricultura demandava.

Ela exercia várias funções, não tinha liberdade de escolha, era dependente do meu pai e eu não me enxergava nela. Essas eram suas escolhas, a vida dela e eu a respeito por isso. Eu queria ter liberdade, ser independente.

Então, a primeira decisão foi deixar a casa do meus pais. Para que eles aceitassem minha saída sem tanta resistência, decidi ir para o internato com minha tia, a 400 km de distância de casa. Foi difícil a separação da família, amigos e a vida no campo.

Dois anos se passaram, eu estava tendo convulsões e fui mandada embora do colégio. Eu queria continuar os estudos, mas não queria ficar ouvindo meu pai reclamar sobre o quanto ele gastava comigo, minhas duas irmãs e meu irmão. Então, fui trabalhar como empregada doméstica, a 10km da casa dos meus pais, cuidava de dois meninos. Fazia os afazeres domésticos durante o dia e à noite estudava, os finais de semana eu passava com minha família.

Passou um ano e surgiu a oportunidade de ir para Passo Fundo trabalhar. Lá faria o 2º grau e teria a oportunidade de cursar a tão sonhada faculdade. Sair de casa, nesse momento, foi ainda mais desafiador. Fui morar com pessoas que eu não conhecia, a 120 km da casa dos meus pais. A partir desse momento, seria totalmente por minha conta, levando na bagagem o medo de não dar certo, e o pior, a fala do meu pai não foi nem um pouco incentivadora. Para ele, adolescentes que saíam para estudar, voltariam grávidas. Lembro-me da angústia da minha mãe e de como era difícil ouvir aquelas palavras rudes do meu pai.

Fui com medo mesmo. Ainda hoje, quando relembro aquela fase, sinto a clareza que eu tinha a respeito do que queria e do que estava indo buscar. Meu maior desejo era estudar, fazer uma faculdade, pois sempre acreditei que o conhecimento nos dá asas para voar mais alto, ele é intransferível e estudando, eu me encheria de motivação e inspiração para mudar a minha realidade.

Eu morava na casa em que trabalhava, fazia tudo o que uma casa demanda, fazia com amor, dedicação e alegria. Tenho gratidão e levo para a vida os ensinamentos daquela família. Nessa época, ficava de segunda à segunda em casa, tinha poucos amigos, não namorava, sinto não ter vivido minha juventude, foram grandes privações, precisei dar prioridade para minha sobrevivência com muita limitação financeira.

Concluí o 2º grau e chegou a tão esperada faculdade. Meu desejo era fazer o curso de Psicologia, como era tempo integral e eu não tinha condições financeiras, entrei para o curso de Matemática pela visão de futuro: "falta de professores na área". Nesse momento que escrevo, estamos próximos da Páscoa e lembro-me que, na época, já fazia uns 4 meses que não visitava minha família, não tinha dinheiro para pagar a passagem de ônibus. Naquele dia, estava entristecida com minha realidade. No intervalo, saí da sala de aula e fui para a parada de ônibus, enquanto isso, minha amiga Zize, sabendo da minha situação, fez uma "vaquinha" na sala com os colegas e assim fui passar o feriado com minha família. Ali precisei lidar com meu orgulho e aceitar o gesto de amor e carinho da minha amiga e colegas que conhecia há pouco tempo.

Logo após ingressar na faculdade, fui morar e trabalhar na casa de um casal de professores de lá. Na parte da manhã fazia os serviços da casa, no período da tarde era bolsista e à noite cursava matemática. Quando eu era bolsista, só tinha um sapato e esse rasgou do lado. Não tinha dinheiro para mandar arrumar e muito menos para comprar outro, então minha colega de trabalho, Veranilce, me emprestou seu tênis e mandou arrumar o meu, pagando o conserto. Várias vezes ela me levou para comer na casa dela! Consigo lembrar do cheiro daquela comida até hoje. Era muito mais do que um prato de comida, era cheiro de amor, carinho, aconchego, cuidado, atenção e família. Talvez elas não lembrem, mas para mim, elas foram meus anjos e tenho muita gratidão.

Depois de alguns meses, consegui ser funcionária da faculdade, tinha um salário melhor, com uma bolsa que custeava 75% da mensalidade. Nesse momento, fui com 6 meninas morar num porão que tinha 2 quartos, era o que podíamos pagar e precisávamos viver dentro da nossa realidade financeira. Eu não tinha um colchão, então passei 30 dias dormindo em cima de um tapete feito de "pelego", emprestado pela dona do porão. Meu guarda-roupas era feito de tábuas de madeiras calçadas com tijolos. Só no final do mês, quando recebi o primeiro salário, consegui comprar meu colchão. E assim fui melhorando a cada ano, até chegar o dia da minha formatura. Quando contei para minha mãe que minha nota de estágio tinha sido uma das mais altas, ela me contou que um professor da cidade sugeriu a ela que eu fizesse outro curso, pois aquele não era para mim. Minha mãe é um ser iluminado, sábia, nunca me contou isso, até eu me formar. Ela sabia que a opinião dos outros não me definia. Tenho gratidão por ela ser a mãe que é.

Minha formatura, com certeza, foi o dia mais marcante e emocionante da minha vida. Conheci meu marido ainda na faculdade. Ele estudava

Filosofia em Porto Alegre, mas era natural de Itatiba do Sul/RS. Nossos pais se conheciam, ele conhecia meus pais e meu irmão, mas nós dois não nos conhecíamos. Fomos nos conhecer numa missa de Natal e já estamos casados há 27 anos. Me formei em dezembro de 1996, nos casamos em janeiro de 1997 e fomos morar em nossa cidade natal, onde meu marido já era professor do estado. Fui contratada para dar aula de matemática e física, com carga horária de 20 h. Naquele mesmo ano, conhecemos a oportunidade que mudaria nossas vidas.

No início de 1998, por uma questão de logística e para empreender em nosso novo negócio, mudamos para Erechim/RS. Lá fui contratada (40 h) como professora de matemática e física. Gostava de ser professora, mas não gostava da quantidade de horas trabalhadas e pelo que recebia. Depois de 2 anos, fui trabalhar integralmente em nosso negócio, onde meu marido já atuava em tempo integral.

Olhando para as possibilidades do negócio e as possibilidades da vida de docente, me entusiasmava o fato de escolher algo que poderia me dar liberdade de tempo, liberdade geográfica, ser independente, ajudar as pessoas a também mudarem de vida, tendo uma vida mais saudável e mudar a vida financeira.

Um ponto importante: cuidado para quem você pede conselho. Lembro-me de comentar com algumas colegas sobre meu desejo de trabalhar somente com a oportunidade que eu e meu marido tínhamos em mãos, a maioria achou loucura, mas resolvi ouvir a vice-diretora da época. Ela disse: "Se você não tentar, não saberá se dará certo ou errado e o certificado continuará sendo seu". Foi fácil? Claro que não! Éramos recém-formados, recém-casados, nos adaptando à vida a dois. Cada um trazendo suas crenças em relação a tudo, sem experiência em empreendedorismo. A cada dia que passava, eu percebia o quanto pensávamos diferente com relação às finanças, fui percebendo as dificuldades que meu marido tinha em relação ao álcool. No primeiro evento da empresa, fui com roupas emprestadas da minha prima Meire. Todos os meses, tínhamos treinamento em Porto Alegre, viajávamos durante a noite para economizar uma noite de hotel, nosso automóvel era um Corcel/76, tínhamos dívidas e estávamos construindo nosso negócio.

Em nosso negócio, os resultados obtidos dependem do esforço de cada um. Realizamos sonho de carros melhores, casa, viagens no Brasil e exterior, em navios cruzeiro, mas principalmente, hoje tenho liberdade de agenda, liberdade geográfica e tempo de qualidade com minha família e minha filha, que é autista. O que me fez chegar até aqui: sonhar sem colocar limites nos meus sonhos, ter clareza do que estávamos buscando e o desejo ardente de mudar de vida, com visão de futuro, persistência apesar das circunstâncias, fé inabalável e trabalhar para o sucesso. Fiz o que precisava ser feito.

Estou aqui para dizer que seu eu consegui, você também consegue. Se prepare, busque o conhecimento, o autoconhecimento, aproveite as oportunidades, mude se for preciso mudar. Não somos árvores para ficarmos sempre no mesmo lugar.

Cultive boas amizades, leia, participe de seminários, assista bons filmes, tenha um mentor, *coach* ou terapeuta. Invista em você. Torne-se melhor. Não teremos resultados diferentes fazendo as mesmas coisas. Pense grande, acredite que você também pode transformar sua vida a partir da sua transformação pessoal.

Escrever foi curativo, fiz o caminho de volta e aproveitei para meu processo de cura.

★ ★ ★ ★ ★

"É preciso sonhar,
ter um desejo
ardente de
mudança, persistir
e trabalhar para o
sucesso."

Rosilei Bortoli

WAGNER MENEZES

Sou Wagner Menezes, 52 anos, natural de Goioerê/PR, resido em Maringá/PR com a minha família. Casado há 28 anos com Mércia Menezes e pai do Davi Aceti Menezes, de 13 anos.

Sou sócio-fundador do Grupo Excellence Centro de Desenvolvimento Pessoal e Profissional Ltda.

Sou *master coach* integral sistêmico e analista de perfil comportamental, formado pela Febracis. Especialista comportamental formado pelo Idec.

Trabalho com atendimentos individuais e empresariais. Atuo como palestrante e coordenador do coaching em grupo "Homens de excelência", e, junto com minha esposa, no *coaching* para casais "Excelência na vida a dois".

wagnerm_coah

grupoexcellencemga

+55 (44) 99729-2245

22

O PROPÓSITO ME ENCONTROU

Por Wagner Menezes

O cuidado até o propósito me encontrar

Nasci em Goioerê/PR, no dia 01/10/1971. Meu pai foi caminhoneiro e minha mãe cuidava de casa. Eu tinha liberdade para brincar na rua, andar de bicicleta pela cidade, Deus cuidou de mim. Aprendi dirigir caminhão aos 12 anos, moto e carro com a mesma idade. Tínhamos uma moto, um carro do meu pai e um carro do meu irmão mais velho.

Um dia, meu irmão viajou e, em um sábado à noite, peguei o carro dele para sair com meus amigos. Fomos em dois carros para fora da cidade. Quando chegamos no começo da rodovia, decidimos fazer um "racha": estávamos a 140 km/h, carros emparelhados, um outro carro entrou na rodovia. Consegui evitar a batida na traseira, mas não o capotamento. Quando começou a capotar, eu segurei no volante e vi no velocímetro 140km. Não parava mais de capotar. Destruição total do carro e apenas um arranhão nas minhas costas. E uma voz ecoava na minha mente: "**Eu tenho um propósito para você**".

Encontros e retorno aos caminhos

Mudamos para Maringá, eu estava com 18 anos e fora dos caminhos de Deus, em baladas e bares. Mas, quando chegava em casa, sentia um vazio, nada me preenchia. Num sábado pela manhã, meu irmão fez o convite para irmos à igreja, foi onde começou a mudar minha vida. Ao chegar lá, senti que algo mexeu comigo. Lá, conheci minha futura esposa. Uma morena linda de olhos verdes, vindo para perto de nós, era a Mércia.

Comecei a frequentar a igreja, encontros de jovens e acampamentos. A sensação de vazio foi sendo preenchida, foi o meu reencontro com

Cristo. O dia 21/12/1995, foi o dia mais feliz da minha vida, quando a luz da recepção da igreja se acendeu e eu vi a mulher mais linda vindo ao meu encontro. Nesse dia, nos tornamos uma só carne, nesse dia nossos propósitos se encontraram, nossa missão começou. "**Eu tenho um propósito para você**".

São 28 anos de uma história linda, cheia de vitórias e algumas derrotas. Aprendemos muito, mas com superações e alegrias incontáveis. Anos, meses, semanas e dias, o tempo somente reforçou minha primeira impressão quando a vi, a mais linda mulher que o Criador colocou na terra!

Em 1992, eu trabalhava no banco Bradesco e tinha acabado de passar no vestibular. Meu pai comprou outro caminhão. Eu pedi demissão do banco, nem fiz a matrícula na universidade. Comecei a trabalhar com caminhão em setembro de 1992. Foram 28 anos como caminhoneiro, nunca bati ou tombei. "**Eu tenho um propósito para você**".

Como descrevi acima, eu e a Mércia nos casamos, e com a chegada do Davi, completamos nossa família. Nos tornamos empresários, eu no ramo de transporte e a Mércia com uma escola de música.

Em 2016, coloquei um motorista no meu caminhão e fui trabalhar fazendo aferição de tacógrafos, numa empresa em Maringá. Comprei uma moto para ir trabalhar, pois a empresa era do outro lado da cidade. Eu achava que não tinha perigo, a avenida que eu transitava era muito grande, só aconteceria alguma coisa se eu atropelasse um cachorro e nunca tinha visto um cachorro nessa avenida. **Inclusive**, o que eu atropelei, não vi. Fiquei no asfalto desacordado por 30 minutos, sangrando pelo ouvido, nariz e boca. Fui acordar dentro de uma ambulância. Levei 32 pontos na boca, dreno na cabeça, braço deslocado e nariz quebrado. O médico recomendou uma ressonância magnética, pois bati as costas com força. Nessa ressonância, descobri um tumor na coluna. Fiz uma biópsia e o tumor era benigno. Foram 3 anos de tratamento e acompanhamento anual, mas Deus proporcionou a cura. "**Eu tenho um propósito para você**".

Como está sua vida com Deus? A minha última visão antes do acidente foi a fachada de uma concessionária. Eu acordei 30 minutos depois. Como estava minha vida com Deus? Houve uma grande mudança em minha vida após o acidente, não dava para deixar de falar da proteção de Deus. Em todo o tempo Ele cuidou de mim. Se não tivesse acontecido o acidente, só iria perceber o tumor quando estivesse perdendo os movimentos e poderia ser tarde demais.

Como o propósito me encontrou?

Em janeiro de 2018, a Mércia participou do Método CIS (o maior curso de inteligência emocional do mundo). Ela me disse que eu deveria viver essa imersão, pois ela estava tendo um encontro com Deus e com a própria identidade. Em agosto do mesmo ano, participei do Método, em Curitiba, e vivi o extraordinário naqueles dias. Em um determinado momento, Paulo Vieira (ministrante do curso) disse que nossas crenças foram instaladas por nossos pais na primeira infância. Fiquei sem entender e confuso, pois meu pai era o melhor pai do mundo. Não fazia sentido. Mas no futuro, fez todo sentido.

Por orientação da minha amiga e futura *coach*, Cassia Ferraz, coloquei o que não fazia sentido no mosaico e segui vivendo o curso. Comprei a formação em *coaching* para a Mércia, por saber que ela queria seguir a jornada, e, na minha mente, eu não precisaria disso, mas ela precisava.

Depois do Método CIS, voltei a trabalhar com o caminhão. Continuava a ser arrogante, prepotente, dono da verdade e muito orgulhoso. "Dizem que mesmo o espírito de maior orgulho pode dobrar com amor." (Coraline e o Mundo Secreto). Os cursos eram para a Mércia, eu não precisava. Muitas vezes, ela me chamou para assistir *lives*, filmes e vídeos, eu recusava. Em alguns momentos, cheguei a falar para ela: "Lá vem a 'sabe-tudo', com esse papo de *coach*", mas a mulher sábia edifica o lar. Com toda a paciência do mundo, ela soube esperar meu momento.

A Mércia estudou e estruturou seu próprio método, baseado no material do *coaching* integral sistêmico, juntou com os princípios que aprendemos em nossa vida cristã e criou o método "O poder da excelência". Ela mudou como mulher, mãe, esposa, com as pessoas na forma de tratar e na forma de conduzir os conflitos e egos. "Quem é essa Mércia? De onde vem isso? Eu quero isso para mim! Isso é propósito de vida!". Aqui, comecei entender essa voz que dizia: "**Eu tenho um propósito para você**". Foi isso que eu escutei de Deus. Como se eu ouvisse constantemente: "Foi por isso que cuidei de você".

No ano de 2019, tudo mudou. Meu orgulho foi sendo quebrado, minha arrogância foi sendo moída, Deus foi me moldando, minha vida tinha sido impactada pelo método "O poder da excelência" (onde me sentei como aluno). Entendi como e quando as crenças são instaladas.

Um dia, meu filho Davi me chamou para brincar, eu recusei, estava muito cansado, pois tinha viajado a noite toda. As palavras dele foram:

"Papai, você vai ficar velho e não vai conseguir brincar comigo." Foi um forte impacto emocional. Nesse instante, comecei a pensar: "O que estou fazendo com meu filho e minha família? Repetindo os padrões do meu pai! Instalando nele sentimentos de rejeição e abandono".

Mesmo trabalhando com o caminhão, continuei fazendo cursos na Febracis e, sempre que possível, acompanhando a Mércia nas palestras. Eu queria uma vida extraordinária como eu tinha colocado em meu mural, fiz um plano de ação para a minha transição de carreira. Coloquei novamente um motorista em meu caminhão e fui cuidar da nossa escola de música. Era o início da minha transição de carreira. A Mércia já estava fazendo a dela.

Quando Deus quer mudanças em nossas vidas, Ele faz. Fui surpreendido no final do ano, pois meu caminhão fundiu o motor e ficamos sem essa renda, mudanças no plano de ação.

O propósito me encontrou, me pegou pela mão e não me soltou mais!

Para ajudar na renda, em janeiro de 2020, comprei um carro para trabalhar como motorista de aplicativo, nos horários em que a escola estivesse fechada.

Em março, veio a pandemia, perdemos 60% dos alunos. Como motorista de aplicativo, saía às 5 horas para trabalhar e voltava às 20 horas, com 30 a 50 reais no bolso. Foi muito difícil durante os primeiros meses da pandemia. Passamos necessidades, meu sogro, meus pais e meus irmãos viram a nossa situação e nos ajudaram com alimentos.

Eu e a Mércia conversamos muito sobre o que fazer, voltar para o caminhão era uma opção, ela voltar a dar aula *online* de música era outra opção. Decidimos que retroceder não era opção, nem para pegar impulso. Vídeos, cursos e livros. Era só ter um tempo vago no trabalho, que aproveitava para aumentar meus conhecimentos.

No dia 26 de Janeiro de 2022, comecei minha formação em *coaching* e, na sequência, formação de analista de perfil comportamental, me tornando *master coach*.

Mudanças acontecem e rápido!

Assim que me formei, a Mércia já tinha gerado autoridade como *coach* e palestrante, com seu próprio método "O poder da excelência". Sentimos que precisávamos de um lugar nosso, pois estávamos utilizando o auditório da Febracis Maringá e estava ficando inviável conciliar as agendas.

Refiz meu mural da vida extraordinária, coloquei uma foto de uma sede para nossa empresa, com 330 metros. Em agosto de 2022, comecei a busca de um local. Visitei mais de 10 lugares, uns com 230 metros, outros com 280, mas não conseguia fechar, sempre algo dava errado. Falei da minha busca para um amigo e ele me disse que conhecia uma pessoa que tinha muitos imóveis. Imediatamente, falei com ela, que tinha um imóvel com 300 metros. Fechamos a locação, peguei a planta e levei para a arquiteta e, para minha surpresa, a metragem era de 330 metros, como eu tinha colocado em meu mural da vida extraordinária.

Nossa empresa foi consagrada a Deus para seu propósito, inauguramos em 10 de abril de 2023, com o nome de Grupo Excellence Desenvolvimento Pessoal e Profissional Ltda. Nós temos um auditório para 100 pessoas e seis salas para atendimentos, mais o espaço Marcia Benatti, com uma loja de roupas femininas.

O meu propósito está cada vez mais forte, que é transformar vidas de homens, mulheres, empresas e instituições, levando-os para o mais alto nível racional, emocional e espiritual.

Hoje, eu atendo como *master coach* integral sistêmico, especialista comportamental e analista de perfil comportamental, atuando no atendimento individual e empresarial, e como palestrante e coordenador do *coaching* em grupo, o "Homens de excelência", e, junto da minha esposa, no *coaching* para casais, o "Excelência na vida a dois".

Deus sabe o que quer de mim, me protegeu, me instruiu, me quebrantou e me reconstruiu para o seu propósito.

★ ★ ★ ★ ★

"Nós somos um em Cristo. Vou segurar sua mão e, para onde você for, irei também."

Wagner Menezes